DES HABITANTS
DES MONTAGNES

CONSIDÉRÉS

DANS LEURS RAPPORTS AVEC LE RÉGIME
FORESTIER,

PAR J. P. A. FABRE

DOCTEUR EN MÉDECINE,

Ancien Maire de la commune de Meironnes (Basses-Alpes).

> Le régime forestier, pour l'habitant des
> montagnes, c'est l'état de siège permanent.

—◦∈◦—

Prix : 1 F. 25.

—◦∈◦—

MARSEILLE
IMPRIMERIE SENÈS, RUE CANEBIÈRE, 13.

Se vend

CHEZ LES LIBRAIRES DES HAUTES ET DES BASSES-ALPES.

JUILLET 1849

DES HABITANTS

DES MONTAGNES

considérés

DES HABITANTS

DES MONTAGNES

CONSIDÉRÉS

DANS LEURS RAPPORTS AVEC LE RÉGIME FORESTIER,

PAR J.-P.-A. FABRE

DOCTEUR EN MÉDECINE,

Ancien Maire de la commune de Meironnes (Basses-Alpes).

> Le régime forestier, pour l'habitant des montagnes, c'est l'état de siége permanent.

———

MARSEILLE

IMPRIMERIE SENÉS, RUE CANEBIÈRE, 13.

Se vend

CHEZ LES LIBRAIRES DES HAUTES ET DES BASSES-ALPES.

JUILLET 1849

1850

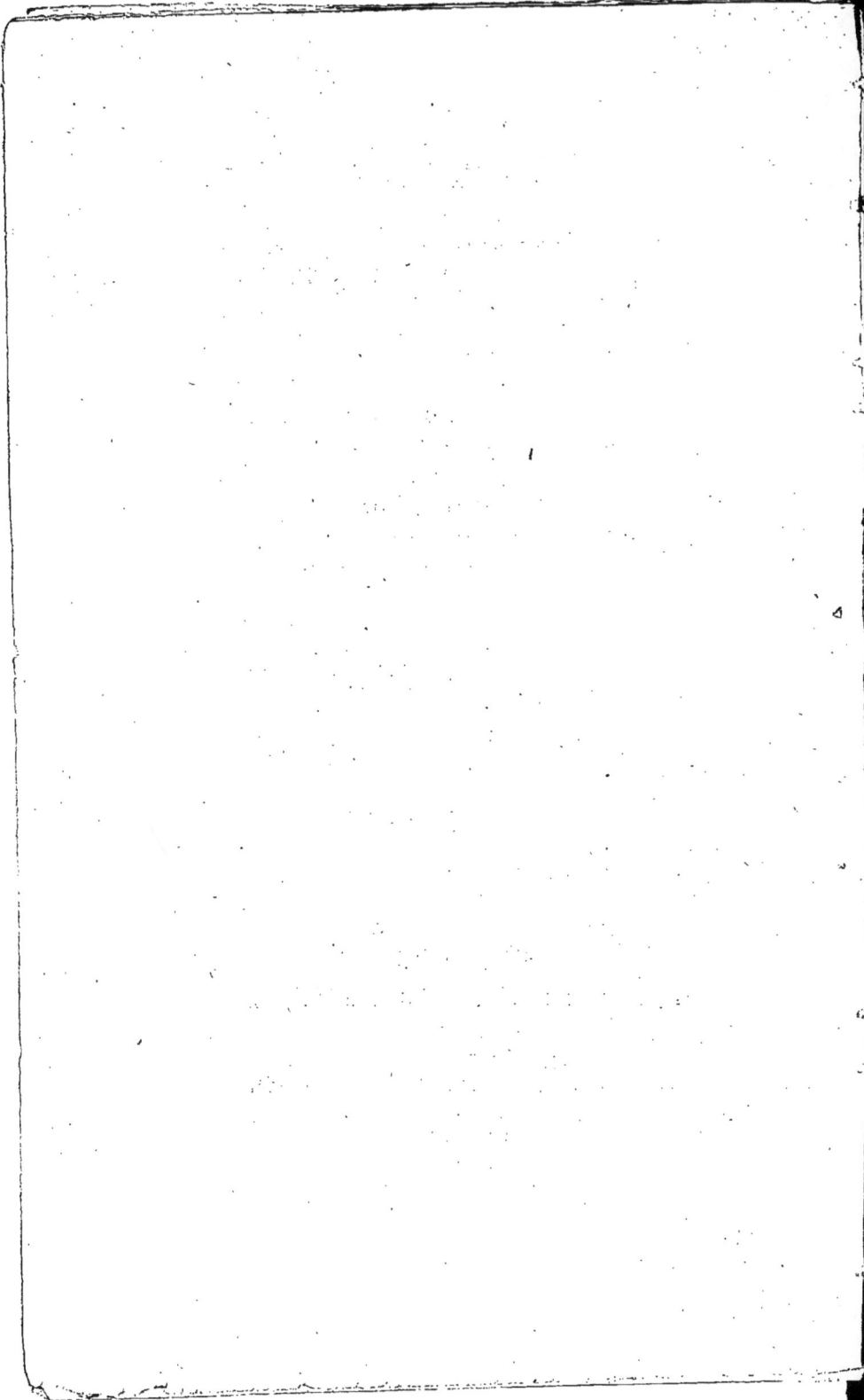

INTRODUCTION.

Ce que le peuple des montagnes demande à la République, ce n'est pas la manne d'Israël : c'est qu'une législation tempérée concilie la conservation des paccages avec l'existence des cultivateurs qui ne peuvent se passer de ce secours (les troupeaux étant leur unique revenu), ni en user convenablement, à cause des mesures restrictives et ruineuses qui en paralysent la jouissance.

Si l'administration supérieure doit veiller à ce que les communes, par cupidité, ne détériorent pas les pâturages, et, par de sages réglements, empêcher de funestes tendances, elle doit leur garantir le paisible parcours, en veillant aussi à ce que l'esprit de conservation, poussé trop loin, n'en altère pas le régime et n'annulle point la dépaissance.

Ce que le peuple des montagnes demande, c'est que les paccages haut situés et ceux dans lesquels il ne peut y avoir aucun espoir de boisement ni renaissance, soient distraits du régime forestier; et que ceux qui resteront soumis à ce régime soient si bien délimités qu'il ne puisse y avoir erreur de lieu ; et qu'à cause de ce, le berger qui revient le soir au foyer, ne rentre pas en pleurant la perte de son troupeau, par l'effet d'un procès-verbal qui va remplir de deuil et d'imprécations toute la maison, parce qu'il en consomme la ruine.

Ce que le montagnard demande, c'est de pouvoir exercer ses droits d'affouage en temps opportun.

Ce qu'il demande encore, c'est que, si l'incendie ou d'autres causes détruisent le toit de son habitation, l'administration forestière, par sa lenteur à servir ses besoins, n'ajoute pas à son désespoir en le forçant de passer l'hiver dans une maison démantelée, où la neige couvre ses fourrages, et vient le glacer lui-même dans son gîte avec sa famille.

Ces réformes sont tellement urgentes, que plusieurs candidats à la représentation nationale ont compris, dans leur programme aux électeurs, la révision du code forestier.

Mais ne peut-on pas, à moins d'être législateur, présenter des observations qui intéressent à un si haut degré les populations agricoles, la prospérité et la tranquillité de l'Etat? — Le paysan du Danube fut bien écouté du sénat romain : un paysan des Alpes peut obtenir aussi cette faveur d'un sénat français, surtout si cet habitant souhaite une administration forestière sage et paternelle; s'il désire que la conservation des forêts s'allie à la jouissance bien ordonnée de leurs produits.

L'auteur de cet écrit tend surtout à démontrer que l'administration forestière s'est placée principalement au point de vue de la conservation des forêts; mais à côté de la conservation, marche parallèlement la jouissance; et même la jouissance doit être en première ligne; car l'homme n'a pas été fait pour les forêts, mais les forêts doivent être à l'usage de l'homme; et puisqu'il est des peuplades que la nature destine à habiter sur le sommet des montagnes, où règne un hiver presque éternel, il faut qu'un gouvernement équitable leur laisse le droit d'y vivre, n'aggrave point, par la rigueur des lois prohibitives, l'horreur de leur climat, et ne les force encore davantage à l'émigration; car ce n'est pas le Français qui a eu le bonheur de naître dans la basse Provence ou dans les plaines du Languedoc qui émigre, mais l'Auvergnat, le Roussillonnais, le haut et le bas Alpin. — Plusieurs vont demander du pain à la fabrique lyonnaise, et, trouvant, plusieurs fois, les ateliers fermés par la moindre baisse manufacturière, sont à la disposition de l'imprévu, et vont, un jour d'orage, grossir l'émeute. La faim, quand la police ne les prend pas dans ses filets, les refoule dans leur village, où leur arrivée n'est pas, comme autrefois, un jour de joie pour leur famille : le père, après avoir tristement embrassé son fils, lui fait, le lendemain, le récit de ses malheurs.

« Tu sais, lui dit-il, ce que nous récoltons annuellement de seigle, d'orge ou d'avoine ; eh bien ! j'ai été obligé d'en vendre, cette année, plusieurs charges, pour solder les frais d'un procès-verbal que nous a dressé le garde forestier; il ne nous en reste plus assez pour passer l'hiver. Nous aurions bien désiré te garder sans cet accident. On ne gagne rien ici; il faudra que tu ailles chercher du travail à Marseille ou à Arles, etc. »

Le jeune homme repart, maudissant la cause de son exil. On comprend les sentiments qui bouillonnent dans le cœur du père. A lui s'appliquent, en vérité, ces paroles d'un croyant :

« De temps à autre, la poitrine gonflée du vieillard laissait échapper un court sanglot, et, d'une voix cassée, il disait :

« Je n'avais qu'un fils, ils me l'ont pris; qu'une pauvre « vache, ils me l'ont prise, pour l'impôt de mon champ. »

« Et puis, d'une voix plus faible, il répétait : « Mon fils, « mon fils ! » Et une larme venait mouiller ses vieilles paupières; mais elle ne pouvait couler. »

On a vu le fâcheux effet produit par l'impôt des 45 centimes, qui n'était, après tout, qu'un appel fait au patriotisme en temps extraordinaire. Qu'on s'étonne, après cela, qu'un impôt résultant d'un procès-verbal, et qui égale cinq ou six fois le montant de toutes les cotes réunies, fasse passer une famille par toutes les filières de l'amertume et du vrai désespoir, surexcite les populations et les dispose à l'insurrection !

L'impôt des 45 centimes frappait sur les masses, et même, avant le recouvrement intégral, on a opéré des réductions :— l'autre impôt n'atteint les individus qu'isolément, et ruine radicalement une famille, sans exciter, au même instant, des clameurs universelles.

Mais les gouvernements n'auront-ils égard qu'aux réclamations résultant d'une coupe réglée, et non à celles des malheureux qu'on fauche en jardinant, et qui tombent, eux et leurs enfants, dans les gouffres béants du fisc?

Pour fixer le montagnard dans sa demeure, on n'a qu'à le vouloir, puisque l'amour sacré du pays n'a pas de cœur plus ardent que le sien, ni l'émigrant d'ami plus dévoué. Par des lois sages, rendez-lui son pays habitable, ou faites que si le principe d'activité qui l'anime joint au peu de ressources du sol le porte à courir en d'autres régions pour chercher fortune, il puisse revenir, en cas d'insuccès, parce qu'il ne trouvera pas la porte de sa maison murée par la misère et la douleur; qu'il pourra s'asseoir au foyer domestique, et mourir sous le toit de ses pères.

Il eût été à désirer qu'une plume plus exercée eût traité cette matière; mais le temps presse, l'occasion est favorable, puisque l'Assemblée Législative va s'occuper de la discussion des lois organiques. Une fois ces lois votées, les améliorations à obtenir seraient trop tardives : c'est déjà assez de souffrances, assez de résignation.

J'ai vu de trop près les peines et la détresse de mes compatriotes ;

J'ai vu des gardes forestiers traiter, en temps de paix, des troupeaux français comme on traite les troupeaux des Arabes, en temps de guerre (1) ;

J'ai vu cinquante femmes échevelées demander, à grands cris, qu'on leur rendît leurs vaches exilées du paccage, pendant que les cultivateurs exaspérés apostrophaient ainsi l'administration : « Qu'entend-on que nous fassions de nos vaches, en nous ôtant les moyens de les nourrir, et cela au mois d'août, lorsqu'elles nous sont nécessaires pour ensemencer et labourer les terres ? Faut-il les conduire à l'abattoir ? »

J'ai vu des maires découragés, craignant d'attirer encore davantage, par leur opposition, la foudre sur leurs communes, se croiser les bras devant le fleuve de la fatalité;

J'en ai vu d'autres, aussi éclairés que zélés, qui sont encore sur la brèche, contenir, d'une main, la population de leurs communes frémissantes, de l'autre, animer leurs collègues à une résistance légale ;

J'ai vu des conseils municipaux, pressés par l'adminis-

(1) En 1834, les habitants du hameau de Saint-Pierre, commune de Beaujeu, canton de la Javie, ne pouvant se passer, pour nourrir leurs chèvres, du paccage ordinaire, mis récemment à la réserve par l'administration forestière, continuent à les y faire paître. Les agents forestiers procèdent à la saisie du troupeau. Les habitants, dont quelques-uns en armes, s'y opposent, et forcent les gardes à lâcher prise. Procès-verbal pour délit de rébellion à main armée est dressé contre les principaux moteurs de cette émeute. Une instruction judiciaire a lieu contre eux. Ils sont traduits ensuite devant la cour d'assises des Basses-Alpes. — Le jury rend un verdict qui les acquitte.

N'est-on pas autorisé à en conclure que cette législation a besoin d'être réformée, qui place de pauvres habitants dans la nécessité de mourir de misère en se laissant enlever leurs troupeaux, ou de se mettre en révolte ouverte contre les lois pour les retenir, et qui ne présente au jury d'autre alternative que de consommer la ruine des accusés en les déclarant coupables, ou de les couvrir de son indulgence ?

tration forestière comme dans un étau de fer, fatigués de délibérer, sans pouvoir trouver de solution définitive à des étreintes annuelles, s'arrêter à l'idée d'exposer la situation dans un mémoire détaillé qu'on adresserait à la Chambre des Députés ;

J'ai vu des tribunaux dont la plupart des audiences étaient remplies par les poursuites exercées contre les habitants par l'administration forestière ; et des juges touchés de compassion et dont la voix faiblissait en appliquant une loi trop rigoureuse, en infligeant de trop fortes amendes à de pauvres délinquants.

Oubliant donc ma faiblesse, je ne prends plus conseil que de mon zèle, et vais dresser l'inventaire de nos misères :

J'ai divisé ce travail en quatre parties :

1° La dépaissance ;
2° L'affouage ;
3° La délivrance du bois de construction ;
4° Des peines et condamnations forestières par rapport aux habitants.

Suivront comme corrollaires quelques réflexions sur le paysan et son bulletin de vote, sur le pouvoir municipal dans ses rapports avec l'administration forestière ; puis, l'opinion émise par la commission d'enquête du canton de St-Paul, sur la question du travail industriel et agricole ; enfin l'avis du Conseil général du département des Basses-Alpes sur le régime forestier.

Persuadé que « pour bien connaître les choses, il faut en bien connaître les détails, »

Je présente l'analyse des faits dont ces deux derniers articles formulent la synthèse.

DES HABITANTS

DES MONTAGNES

CONSIDÉRÉS

Dans leurs rapports avec le régime forestier.

PREMIÈRE PARTIE.

CHAPITRE 1ᵉʳ.

DE LA DÉPAISSANCE.

L'étranger qui visite, en hiver, les blanches et silencieuses vallées des Alpes, alors que tous les oiseaux sont partis ; que tous les travaux de la campagne ont cessé ; qu'agriculteurs, bergers et troupeaux sont rentrés, pour plus de six mois, dans les étables, s'imagine, sans doute, en voyant ces maisons entourées d'une ceinture de neige et de glace, cette nature morte et ces montagnes en deuil, qu'en cette saison, l'habitant est le plus malheureux.

Eh bien ! c'est alors qu'il ne redoute plus l'action des agents forestiers, qu'il respire, qu'il est content, parce qu'il s'est approvisionné pour six mois, comme s'il avait à faire le voyage des grandes Indes ; et que, pendant six mois, il n'aura plus rien à démêler avec ces mêmes agents. Il accepte cette longue hibernation comme une trêve à ses douleurs.

Mais aussitôt qu'est terminée la fonte des neiges ; que les herbages commencent à pousser et à acquérir de la consistance, pressé qu'il est par l'épuisement de ses fourrages, il a besoin de conduire son bétail au paccage. Alors l'ouverture de la campagne devient le texte des conversations journalières. L'arrivée de Radetzki avec ses Autrichiens, de Windischgraëtz avec ses Croates, ne causerait pas aux habitants plus de trouble que celle des agents forestiers.

C'est alors que recommencent les doléances et les craintes.

Les doléances, pour le retard mis à la délivrance des procès-verbaux de dépaissance.

Chaque année, le maire dresse un état du bétail à introduire dans les pâturages communaux, et le transmet au garde général. Ce fonctionnaire l'adresse, avec ses observations, à son inspecteur, qui l'envoie, avec son avis, au conservateur; et quand vient le temps d'user de la dépaissance, le maire, qui, parfois, n'est pas encore nanti du procès-verbal, ne peut donner satisfaction aux habitants. Il le réclame auprès du garde général, qui lui répond ne l'avoir point encore reçu. Alors le maire doit se résigner à attendre que le procès-verbal arrive à petites journées, ou se plaindre de ce retard à M. le Sous-Préfet, qui en réfère à M. le Préfet, et M. le Préfet à M. l'Inspecteur forestier, pour qu'il avise, etc.

Avant que la demande et la réponse aient traversé tous les bureaux de l'administration, la majeure partie de la saison du paccage est déjà écoulée.

Aujourd'hui que les particuliers ont l'avantage des chemins de fer ou des bateaux à vapeur pour expédier leurs propres affaires, celles des communes se traîneront-elles longtemps encore, à pas de tortue, vers le chef-lieu du département?

Mais on va demander : que deviennent les troupeaux, en attendant, si l'on se souvient que les fourrages étaient épuisés, et que l'on comptait sur la nouvelle pousse des herbages communaux?

Les troupeaux dépérissent, et vont, cherchant leur nourriture, à travers champs, le long des chemins ou sur la lisière des prés. Ils s'amoindrissent chaque jour ; les agneaux de lait périssent en grande partie.

Les ménagers se désolent, et, ne sachant plus à quel saint se vouer, vomissent mille imprécations, accusent le maire d'insouciance, puis d'impuissance, et prennent en pitié ce fétiche communal.

Le garde, qui a ses instructions, dit au maire et aux habitants : «J'ai ordre de *verbaliser* contre ceux qui introduiraient des troupeaux dans les pâturages. »

Voilà comment se passent les choses dans l'attente du procès-verbal.

Quand il est arrivé, nouvelles difficultés. Autrefois il était fait avec le concours du maire; maintenant on se passe de sa coopération.

Tantôt le procès-verbal, en mentionnant les quartiers défensables, excepte les clairières; tantôt il ne permet le paccage que jusqu'au commencement d'octobre et de novembre.

Des Clairières.

Si l'on n'entendait par clairières que les vides résultant d'une coupe réglée à *blanc estoc*, cette restriction ne nous serait point applicable; car on ne fait pas et on ne peut pas faire de coupe réglée dans les forêts des montagnes, en raison de la croissance inégale des arbres, qui tient elle-même à l'inégalité du terrain. Mais on veut entendre par clairières les espaces dégarnis d'arbres, les vides produits par les avalanches; et, à ce compte, les paccages eux-mêmes des vallons, qui ne sont que des grands vides, pourraient être pris pour des clairières : l'abus des termes produit la logomachie. L'administration forestière reprendrait alors d'une main ce qu'elle accorderait de l'autre : or, on ne peut, suivant un ancien axiome, *donner et retenir*. Je cite le rapport de M. Pinoncelly, administrateur très éclairé et plein de zèle, maire et notaire de la commune de l'Arche, pour prouver que ce n'est pas une vaine supposition que je fais.

A Monsieur le Sous-Préfet de l'arrondissement de Barcelonnette.

« MONSIEUR LE SOUS-PRÉFET,

« Le procès-verbal de dépaissance dans les quartiers défensables, situés sur l'Arche, sous la date du 28 avril, pour l'exercice 1847, porte que la dépaissance de la race aumailles est permise dans les quartiers accoutumés, tels que Bois-de-Maison, Méane, la Lauze, Fonds-Crèze, Roffre, les Tourrettes; et celui de l'avérage dans Vallon-Long (*clairières exceptées*).

« Le garde local vient de me notifier aujourd'hui, au nom de son administration, que par clairières on entend tous les endroits non boisés; que, par suite, la dépaissance est interdite dans les vallons de Pra-de-Femès, Fonds-

Crèze, Roffre, Vallon-Long, entièrement dénudés et sans marque de renaissance.

« Une pareille interprétation, toute nouvelle, et inouïe jusqu'à ce jour, a jeté la commune dans des transes inexprimables, et devient, par la situation topographique, non-seulement restrictive, mais absolument prohibitive. Il est impossible d'user des quartiers défensables que l'interprétation donnée au mot clairières frappe d'un *veto absolu*.

« Si l'administration forestière pense qu'il y a lieu de restreindre le paccage accoutumé, qu'elle adresse ses rapports à qui de droit ; l'affaire sera instruite dans les formes ; la commune provoquera une enquête, et le Conseil de préfecture statuera (art. 65, 66 et 112 du code forestier). Mais si, sous prétexte d'une restriction, elle veut interdire toute dépaissance, c'est une mesure que la commune repoussera jusqu'à extinction.

« Le mot clairières s'entend des vides des forêts produits par les coupes affouagères réglées, et où s'opèrent les renaissances ; et il n'est pratiqué ni coupes ni affouages dans la petite forêt sise sur la commune de l'Arche ; et les vallons de paccage adjacents d'une forte contenance qu'on veut qualifier de clairières, sont dénudés de temps immémorial et sans renaissance. Reste donc à statuer si l'administration forestière a le droit d'établir, sans appel, de pareilles mesures.

« Je suis bien loin de croire que l'administration forestière soit tracassière et tyrannique ; je suis dans l'intime persuasion que ses intentions sont paternelles, et qu'elle n'a en vue que le reboisement ; mais alors elle aurait dû, avant tout, faire une étude spéciale des localités et *des besoins* ; examiner si les clairières prétendues peuvent être regardées comme telles, et être facilement reboisées ; si la commune peut être privée de ce paccage, sans perte, sans souffrance, et y suppléer.

« Le chiffre de la race aumailles est de 230. La commune, pour le paccage, n'a que les quartiers sus-désignés. La prohibition imposera aux habitants la triste nécessité de n'avoir plus de vache nourricière pour la famille et de labour pour l'agriculture, dans un pays où l'indigène ne vit que de pain de seigle et de lait. Dans ce cas, pourquoi ne pas le dépouiller encore de ses propriétés et le forcer d'émigrer en Algérie ?

« Je ne veux pas, Monsieur le Sous-Préfet, que vous vous en rapportiez à mes paroles ; je demande, au contraire, qu'une commission soit instituée par vous, aux frais de la commune, pour faire une étude des quartiers défensables, examiner si le terme de clairières peut y être appliqué, si l'habitant peut être privé des quartiers désignés au procès-verbal. Lorsque l'instruction sera faite et qu'il aura été statué par qui de droit, la commune agira en conséquence.

« En attendant toute solution, je proteste contre les mesures coërcitives et tyranniques de l'administration forestière et de ceux qui la représentent. Je dis que la commune usera, pour la race aumailles, de ses paccages accoutumés, boisés et non boisés, déclarés défensables et consignés au procès-verbal de dépaissance, sans faire attention à la restriction des clairières prétendues et de nouvelle invention.

« Le paccage s'ouvrira du 10 au 15 juin prochain. Je prévois que les agents forestiers saisiront le troupeau communal des vaches, parce que tout son paccage est frappé de *veto* sous la forme de clairières; mais je ne réponds pas des événements. Le poète a dit : *ad turpia cogit egestas.*

« Daignez agréer, etc.

« 28 mai 1847. »

Alors même qu'on voudrait excepter du paccage les clairières résultant de l'action des avalanches, il conviendrait d'examiner, avant tout, si ces vides sont susceptibles de reboisement.

On doit observer que de la ligne où s'arrêtent les arbres, les arbustes ou arbrisseaux ensuite jusqu'à la crête des rochers, il y a encore une très grande distance, une pente très raide ou inclinaison très forte; que c'est de cette pente que part l'avalanche, qui balaie tout ce qui est sur son passage, et que la renaissance des jeunes sujets ne pourrait en arrêter le cours, quand même une série de beaux hivers se succèderaient; ce que l'expérience confirme sur tous les points sujets aux avalanches.

Ainsi, en mettant à la réserve ces clairières, nous regardons comme prouvé qu'on n'arriverait pas à les reboiser, et comme indubitable, que les procès-verbaux pour délits de dépaissance viendraient rayer les pauvres et malheureux cultivateurs du livre des vivants, attendu qu'un troupeau se dissémine nécessairement, et vague, et qu'on ne peut pas attacher un berger à chaque tête de gros et de menu bétail.

Jusqu'en ces dernières années, l'exception des clairières n'avait été que comminatoire; maintenant, l'administration forestière paraît vouloir la mettre à exécution. On verra plus loin ce que les paccages coûtent déjà aux communes en procès-verbaux de délit, sans l'embargo des clairières ; lorsqu'il sera bien établi , ce sera une plaie comparable à celles de l'Egypte.

Que les Conseils municipaux et les maires se tiennent pour avertis : le salut des communes sera dans les Conseils de préfecture, convenablement renseignés par les Conseils cantonaux. Il serait pourtant à souhaiter qu'elles le trouvassent désormais dans les intentions bienveillantes de l'administration forestière ; ce qui rendrait de plus en plus rare tout recours.

Je terminerai ce chapitre par cette réflexion : on a imposé les biens communaux ; pour que les communes acquittent cet impôt, il faut qu'elles jouissent du revenu ; or, au moyen des clairières et de l'interprétation très large qu'on donne à ce mot, on rend le paccage illusoire : tel était ce décret qu'un zèle aveugle ou un intérêt mal entendu inspira à Ferdinand le Catholique, roi d'Espagne, et à Isabelle, contre les juifs : on leur accorda six mois pour vendre leurs biens; mais on leur défendit , sous peine de mort, d'emporter de l'argent, de l'or, des pierreries ; c'est-à-dire qu'on les chassa pour les dépouiller.

De la durée de la dépaissance.

Lorsque le procès-verbal ne tolère le paccage que jusqu'au commencement d'octobre ou de novembre, le préjudice porté à l'agriculture est encore très grand.

J'en déduis les raisons des délibérations du Conseil municipal de la commune de Meironnes, à la date du 10 septembre 1848 et du 13 février 1849.

« Vu les procès-verbaux de reconnaissance des cantons défensables pour l'exercice 1848 et 49 portant, pour la clôture de la dépaissance , le 1er octobre , et pour la dernière année, le 1er novembre;

« Considérant que cette mesure, en forçant les habitants à introduire dans leurs étables leurs troupeaux, à l'entrée de l'automne et avant la clôture du terrain par les neiges, et à consommer leurs fourrages avant la fin de l'hiver, les obligerait à vendre leurs bêtes à laine dans la morte saison, ou à les introduire dans le paccage étranger, ce qui les priverait eux-mêmes de la chaleur et de l'habitation de leurs écuries, et entraînerait une plus grande consommation de bois de chauffage ; ce qui nuirait considérablement à la forêt ;

« Par tous ces motifs, le Conseil espère que l'administration forestière prolongera la durée de la dépaissance du 1ᵉʳ mai jusqu'au 1ᵉʳ décembre, comme il a été pratiqué de temps immémorial. »

J'ai appris, depuis, que l'administration objectait qu'après l'époque fixée par elle, le piétinement des troupeaux pétrit le sol ramolli par les pluies, et nuit à la reproduction. — Cette objection se réfute aisément : les gelées commencent de bonne heure en ces climats et à cette hauteur ; principalement sur le versant tourné au nord et où sont les bois. le sol est alors gelé, le dommage nul, et l'herbage perdu.

Du Parcours.

Mais supposons que le procès-verbal, ne renfermant point de restrictions, soit adressé au maire en temps opportun, les habitants pourront-ils en user ?

L'article 199 du code forestier se dresse devant eux :

« Les propriétaires d'animaux trouvés, de jour, en délit, dans les bois de dix ans et au-dessus, seront condamnés à une amende de : 1 franc pour un cochon, — 2 francs pour une bête à laine, — 3 francs pour un cheval ou autre bête de somme, — 4 francs pour une chèvre, — 5 francs pour un bœuf, une vache ou un veau ; — l'amende sera double si les bois ont moins de dix ans, sans préjudice, s'il y a lieu, de dommages et intérêts. »

« Art. 200. Dans les cas de récidive, la peine sera toujours double. »

Il y avait des larmes dans ces articles et des gémissements. Mais une amende de 2 francs et de 4 francs par tête de bétail, jointe aux frais de l'enregistrement et de la signification du procès-verbal, du jugement consécutif et de la signification ou notification au délinquant ; aux frais de garde et de sel pour l'entretien du troupeau, de la taxe de dépaissance pour payer l'impôt des biens communaux, et couvrir dans le budget les autres dépenses de la commune, c'est la confiscation du troupeau, de l'unique capital que l'on possède ! On ne récolte ici ni raisins, ni figues, ni amandes, ni olives : mieux vaudrait le décimer.

Quand l'art. 199 a été, je ne dirai pas discuté, mais voté, le législateur n'avait probablement en vue que le préjudice porté au reboisement, et non la possibilité du délinquant essentiellement pauvre ; car, du lieu où croît l'olivier au lieu où croît l'absinthe, il y a une grande différence. — Une si forte amende empêche la reproduction, en tarissant la source du capital. N'imitons pas les sauvages, qui coupent un arbre pour en avoir les fruits.

Je fais des vœux pour que les tribunaux puissent admettre aussi les circonstances atténuantes, avec d'autant plus de raison, que la garde des troupeaux est, le plus souvent, confiée à de jeunes bergers, à des enfants de dix, douze ou quinze ans, qui ne connaissent pas bien les limites du paccage, et peuvent oublier, au milieu de leurs jeux, le danger auquel le troupeau est exposé par l'incurie ou l'insouciance naturelle à cet âge. Mais comme l'habitant pourrait aussi se valoir de cette excuse et en abuser, l'admission ou le rejet de circonstances atténuantes ferait la part de tous les cas possibles. Mais, dira-t-on, on peut bien choisir des hommes faits pour bergers. Il est bon de remarquer qu'il y a dans les montagnes les paccages de printemps et d'automne, et ceux d'été : les premiers sont plus rapprochés des maisons ; la végétation y est plus précoce et s'y prolonge davantage. Ici ce sont des îlots plus ou moins étroits, bornés par des ravins ; là, c'est la bande resserrée de verdure qui sépare le terrain cultivé des rochers, et les rivières, des forêts. Leur peu d'étendue ne permettrait pas d'y disséminer un nombreux troupeau sans ruiner le sol ; « aussi d'anciennes capitulations, dictées par un esprit de sagesse, établissaient qu'aucun troupeau ne pourrait excéder le nombre de trois trentaines de bêtes à laine. » — C'est sur ces pâturages isolés que paissent autant de troupeaux particuliers qu'il y a d'habitants. Les bras du père et de l'aîné de la famille, les travaux de l'agriculture les réclament. Chaque troupeau ne peut donc être confié qu'à des enfants ; les frais de garde par d'autres bergers seraient trop élevés, parce qu'à l'époque de la formation du troupeau commun pour les paccages d'été, qui n'exige qu'un ou deux gardiens, ces bergers resteraient sans ouvrage, sans être placés.

C'est souvent sur les troupeaux particuliers que frappent les procès-verbaux. Moins exposés sont les troupeaux communs, qui paissent dans les lieux beaucoup plus élevés, dans les paccages d'été. Il importerait donc de mentionner l'âge du berger au procès-verbal. Quant à doubler l'amende en cas de récidive, s'il faut une nouvelle pénalité, qu'on y supplée par l'emprisonnement ; car le paysan n'a plus de sang dans les veines.

Écoutons là-dessus le docteur Munaret, un savant qui a passé huit années dans les montagnes du Bugey, et qui excelle autant à observer qu'à décrire : — « Il y a dans les villes des professions répugnantes et abjectes : les vidangeurs, les équarrisseurs, les cureurs d'égoûts ; et il y en a qui sont délétères : les blutteurs, les verriers, les liniers, les fabricants d'acides minéraux ; et il y en a qui sont plus pénibles même que celle d'émietter la terre ; tels sont les polisseurs de glaces, les paveurs, les frotteurs, les fondeurs. Et cependant les paysans sont le plus à plaindre.

« Pauvres gens ! quel présent et point d'avenir ! Condamnés aux ci-devant redevances de la féodalité, serfs aujourd'hui de notre société, ils n'ont fait qu'échanger de *maître et seigneur*.

Que dis-je ? ils ont perdu à cet échange ; car cette dernière et hypocrite suzeraine dévore annuellement le fruit de leur sueur, avec l'impôt, le fisc, le cens, les amendes, les assurances ; et telle qu'une marâtre qui épouvante ses nourrissons pour les empêcher de se plaindre, en les menaçant de l'ogre, qui vaut mieux qu'elle (1), elle leur rap-

---

(1) Cette pensée du docteur Munaret, qu'on ne s'y méprenne pas, ne renferme point une idée rétrograde ; l'ancien régime est mort, bien mort ; il ne peut ressusciter qu'au théâtre. C'est un appel au progrès, à l'avenir, en rejetant le passé, en reniant le présent. Il ressort de cette citation, qu'il est urgent, très urgent, d'améliorer le *nouveau régime*, si l'on ne veut pas faire regretter l'*ancien*.

Poursuivez donc votre sublime mission, fervents apôtres de l'humanité. Le genre humain est en marche, il ne peut plus rétrograder.

Généreuse avant-garde, à vous le renversement des priviléges, à vous la victoire par la voie pacifique du scrutin, parce qu'en vous réside un principe de foi ! La contre-révolution s'agite, mais la démocratie est en travail ; elle revendique ses droits, l'Évangile à la main ; et c'est vous que l'on accuse de vouloir briser les liens sacrés qui retiennent les peuples dans leurs devoirs, parce que vous les éclairez aussi sur leurs droits si longtemps méconnus, si longtemps foulés aux pieds, et sans cesse remis en question !

C'est vous, au contraire, qui, glorifiant Dieu, proclamez qu'il faut enfin asseoir le bonheur commun sur des institutions démocratiques, pour que le peuple ne soit pas condamné à rouler éternellement la roche de *Sisyphe*.

C'est dans cet esprit que la Constitution, en liant les devoirs aux droits, art. 114 et suivants du préambule, a posé les vrais fondements du contrat social, et montré combien il importe

pelle les horreurs de *l'ancien régime*. C'est à peine si elle
leur abandonne la dîme de leurs récoltes, pour acheter un
peu de sel et quelques aunes de serge ; c'est à peine si elle
leur laisse du pain noir et du foin, pour que gens et bêtes
puissent pâturer dans la même étable, pendant l'hiver, et
pouvoir, l'année suivante, creuser pour elle de nouveaux
sillons.

«Il faut, en vérité, une profonde apathie, un bien-être
instinctivement attaché aux labeurs en plein air, une bonne
santé et beaucoup de résignation religieuse, pour que le
paysan, courbé sur sa glèbe, du matin jusqu'au soir de sa
vie, ne s'avise pas de relever sa bêche et d'en menacer le
ciel.» (*Du Médecin de campagne et de ses Malades*, par le
docteur Munaret, pag. 77 et 78. — 1840.)

Continuellement surveillé par les agents forestiers, quel
est le particulier qui ne tremble pas tous les jours pour la
perte de son troupeau? Est-il donc si facile à des enfants
de retenir aux bords d'un pâturage des brebis, des moutons affamés?

De là ses craintes pour les risques à courir en procès-
verbaux de délit. Aussi, quelque temps après la promulgation du code forestier, plusieurs communes s'efforcèrent-
elles de distraire de ce régime leurs paccages ; et comme
M. le Sous-Préfet de l'arrondissement de Barcelonnette
témoignait son étonnement de cette mesure, moi, maire,
je lui répondis : « C'est que le garde forestier peut nous ruiner individuellement trois fois par jour : quand nos troupeaux vont au paccage, quand ils y paissent et quand ils en
reviennent.» En effet, les chemins ou draics y aboutissant
ne peuvent être bornés par des haies, étant pratiqués sur
des crêtes ou pentes abruptes, sur une longueur de 3 à 4
kilomètres.

Le vague de la délimitation des chemins pouvait être un
texte fécond pour des procès-verbaux.

Le paccage lui-même n'est pas tellement circonscrit que
les lignes ou limites séparatives soient bien dessinées : de là
le même inconvénient.

d'instruire les hommes de leurs droits, pour qu'on ne les ramène
pas à l'esclavage. Le despotisme, sachant bien que la connaissance des droits le tuerait, n'entretient ses sujets que de ce qu'il
appelle leurs obligations envers lui : *du culte de la force*.

Aujourd'hui, plus que jamais, l'immortel orateur répéterait :
« Le droit et la force se disputent le monde. » Mais le droit
finira par l'emporter : les peuples gravitent vers la liberté, vers
une bonne organisation sociale.

2

Au reste, quel préjudice y avait-il à ne pas soumettre au régime forestier des paccages si élevés qu'il ne peut pas y croître des genévriers, aucune espèce d'arbustes ?

Du régime des paccages.

Ce n'est pas que nous ne reconnaissions combien il est nécessaire d'établir un bon régime des paccages, de proportionner la quantité de bétail à introduire avec la production des herbages, pour empêcher, d'une part, la ruine des pâturages, et de l'autre, la formation des ravins, qui exercent ensuite une si grande influence sur les inondations des plaines par les grands fleuves et les rivières, tels que le Rhône et la Durance.

Je regarde cette question comme la plus vitale en économie rurale. — J'avais adressé, en janvier 1829, à M. le Préfet des Basses-Alpes un rapport sur l'urgence qu'il y avait de régler la jouissance des biens communaux, et de limiter le nombre des troupeaux suivant la possibilité des paccages évidemment trop surchargés de bêtes à laine.

Pénétré de l'extrême importance de ce réglement, j'affirmais à M. le Préfet que la solution de cette question valait celle de mille autres. J'ajoutais : «Un particulier peut administrer son bien comme il l'entend ; mais la jouissance des biens communaux, qui doivent être le patrimoine de tous et qui sont soumis par la cupidité à une destruction toujours croissante, doit éveiller enfin la sollicitude des gouvernants.

« Nous, simples maires, puisant nos inspirations dans les connaissances locales, nous pouvons quelquefois rêver le bien; mais vous, Monsieur le Préfet, qui êtes dans l'olympe de l'administration, chaque jour vous pouvez le faire. »

Un arrêté de là Préfecture, du 26 septembre 1832, basé sur une délibération du Conseil municipal de la commune de Meironnes, du 11 mars 1829 (trois ans de gestation pour arriver à terme!), fixait le nombre des bestiaux à introduire dans les pâturages communaux ; établissait ensuite le mode de répartition de cette quantité de bétail entre les habitants.

Il eût été à désirer que cette mesure eût été généralisée dans les autres communes du département; elle aurait préservé nos vallées des torrents qui les ont sillonnées plus tard.

On s'est beaucoup occupé, dans ces dernières années, du reboisement des montagnes ; on a mêlé deux opérations qui, à mon avis, auraient dû être distinctes et sé-

parées d'exécution : celle du *reboisement* et celle du *gazonnement.*

Un savant économiste ; M. Blanqui , a été tellement
frappé des inconvénients , des dangers et des pertes résultant de l'action des torrents sur le flanc des montagnes et de leurs ravages dans les plaines, qu'il a proposé de
faire passer la plus grande partie du sol sous le régime forestier, et de mettre à la réserve la plus grande partie des
montagnes pastorales même, en vue du reboisement.

Ceci n'est praticable que pour la chaîne moyenne et inférieure des hautes montagnes (et M. Blanqui ne l'entendait
sans doute pas autrement) ; car les pâturages de la chaîne
supérieure des Alpes, des Pyrénées, etc., à 2,600 ou 3,000
mètres au-dessus du niveau de la mer, ne sont pas susceptibles d'être boisés. Seraient-ce les montagnes d'Oronage,
de Parassac, sur la commune de Meironnes; celle du Lauza-
nier, à l'Arche ; le Col-de-Longet, à Maurin, qu'on essaierait
de boiser? Le mélèze cesse de croître à 2,100 mètres ; le
rhododendron, à 2,200.

Ainsi, ne pouvant utiliser, en ce sens, ces déserts qu'on
dispute aux chamois, on doit tâcher d'en tirer le meilleur
parti possible : il convient donc de les livrer au paccage.
Aux chamois, donc, la région que visitent les nuages ; aux
bêtes à laine, les vallons qui l'avoisinent, où leur agilité
leur permet d'arriver ; à la race aumailles, la région inférieure.

Cette question, qui, au premier abord, semble n'inté-
resser que l'habitant des montagnes, regarde aussi celui
des plaines , puisque c'est de la montagne qu'on retire les
moutons qu'on vend dans les villes populeuses ; puisque
c'est la laine de ces bêtes qui alimente la fabrication des
draps de Vienne , de Castres, de Montauban, même celles
de Louviers et de Sédan , etc.; puisque c'est sur ces montagnes que viennent paître les troupeaux transhumants
d'Arles, etc. Aussi, M. Moreau de Jonnès établit, dans les
recherches statistiques qu'il a présentées sur les pâturages :

« 1° Que les pâturages étant la condition de l'existence
« du bétail et des troupeaux, sont l'un des éléments né-
« cessaires du bien-être des hommes, de la richesse agri-
« cole et commerciale des états et de la civilisation des
« peuples.

« 2° Qu'on ne saurait trop encourager l'élève des bes-
« tiaux et cultiver ces moyens de prospérité. »

Il convient donc de laisser au pâturage les terrains non
susceptibles d'être boisés, et de réserver ceux qui peuvent

l'être, en proportionnant toutefois les amendes à l'importance des délits et à la possibilité des délinquants.

Quant au reboisement, MM. Dugier et Surrel avaient appelé de leurs vœux l'intervention de l'État pour le crédit d'une somme de 70,000 francs, pour le département des Basses-Alpes, et de 100,000 francs, pour les Hautes-Alpes. Comme l'État n'a pas jugé convenable, jusqu'à présent, de s'imposer ce sacrifice, on a ajourné la seconde opération, celle du gazonnement, qui n'exigeait aucune avance de la part de l'État, et qui aurait dû précéder celle du reboisement, au moins de cinq ou six ans, pour que le sol eût été fixé, que les semis n'eussent pas été lavés et entraînés par les eaux.

Les bons effets, les résultats immédiats du gazonnement n'avaient point échappé à l'attention de M. Surrel ; il les a consignés dans ces lignes :

« Pour détruire les torrents, il n'est pas indispensable d'attendre qu'ils soient ensevelis sous une couche de hautes forêts ; il suffit que le sol soit tapissé de gazon, de broussailles ou d'arbustes. Les broussailles, aussi bien que les arbres, consolident la surface du sol, divisent les courants qui tendent à le raviner, empêchent la concentration subite des eaux et en absorbent une certaine portion dans l'humus qu'elles entretiennent à leurs pieds. Tout cela, nous le savons déjà, et les exemples se pressent pour l'attester.

« Or, à une pareille végétation, il faut très peu de temps pour se rendre maîtresse du sol. S'il faut soixante ans pour créer une véritable forêt ; s'il faut plusieurs siècles pour parvenir à boiser certains revers déchirés où les obstacles redoublent en nombre et en puissance, il suffira de quatre à cinq années pour couvrir un terrain de broussailles : c'est là ce que prouve l'expérience de plusieurs quartiers mis à la réserve, et auxquels il n'a pas fallu plus de temps pour se montrer revêtus de cette utile armure. » (1)

Ainsi je le répète : c'est par le gazonnement qu'il faut commencer la restauration de nos montagnes.

D'où vient donc que cette opération véritablement organique, toujours présentée comme indispensable, est toujours ajournée ; quand pour la conduire à bien, il suffit de sages réglements administratifs, de mettre en équilibre la force des troupeaux avec les terrains qui les nourrissent, d'interdire

(1) *Etude sur les torrents des Hautes-Alpes*, par Alexandre Surrel, page 214.

certains quartiers aux troupeaux, et de restreindre la zône de dépaissance?

Mais à côté de cette question, je vois aussi celle de l'existence de l'habitant des montagnes. L'économie politique tend à concilier tous les intérêts et ne sacrifie pas impitoyablement des français pauvres et malheureux.

La République, pour être durable, ne doit point être assise sur des ruines, mais avoir pour base le bonheur de tous; et c'est dans cet esprit que nous allons continuer d'étudier le système des paccages.

Des modifications que doit subir le régime des paccages suivant leur exposition.

Chaque vallée a des versants : l'un, exposé au midi, éclairé et chauffé par le soleil; l'autre, au nord, que ses rayons, en hiver, effleurent à peine, à l'ombre, par conséquent très froid et plus neigeux. Le premier, vulgairement nommé *adrech*; le second, *ubac. Adrech* me paraît venir d'*ardeo* où d'*ardesco*, je brûle, ou suis brûlé; *ubac*, d'*opacus*, qui répond à obscur, ombragé.

J'observerai, néanmoins, que ce revers a bien pu tirer son nom de la neige qui s'y établit de bonne heure, et n'en disparaît que beaucoup plus tard.

Steller, qui nous a fait connaître quelques mots du dialecte des kouriles, nous apprend qu'*oupach* signifie neige (1).

Après avoir hasardé ces étymologies, je ne veux pas priver le lecteur de celles peut-être mieux fondées qu'en donne M. Honorat, dans son *Dictionnaire de la Langue d'Oc* (2); ouvrage de science non moins que de patience.

Je continuerai de désigner plusieurs fois ces versants par leur nom vulgaire, pour éviter de fréquentes circonlocutions.

(1) *Abrégé de l'Histoire générale des Voyages*, par La Harpe, tome XII, page 430.

(2) *Adrech*, le côté d'une montagne ou d'un coteau qui est exposé au midi; c'est le contraire de l'*ubac*.

Étym.: *adrech* est dit pour *endrech*, l'endroit, le beau côté d'une chose, du latin *in directum* (M.); où de *dexter, adexter*, favorable, parce que cette position est bien plus avantageuse que l'opposée.

Ubac, le nord, en parlant de l'exposition d'une montagne, d'une colline. Étym.: du latin *opacus*, ombragé, obscur, ténébreux.

Leur climat étant différent, ils n'ont pas les mêmes plantes, variées elles-mêmes, en chaque versant, suivant la hauteur, pouvant servir à exprimer l'élévation de la montagne au-dessus du niveau de la mer, et tenir lieu de baromètre, ainsi que l'a ingénieusement observé M. de Candolle.

Cette remarque n'est pas seulement applicable aux plantes, mais aux arbres et aux arbustes, depuis le saule, le frêne, l'érable, le peuplier, le bouleau, le cytise, qui se plaisent dans le fond de la vallée; l'alizier, le noisetier, le tremble, le hêtre, le pin, qui l'ombragent vers le tiers inférieur; le mélèze, de haute futaie, et le sapin, qui en occupent le milieu, et qui perdent en hauteur et en grosseur, en montant vers les cimes, jusqu'au rhododendron et au genevrier, qui s'arrêtent à leur base; derniers efforts de la grande végétation, qui se rapétisse et s'éteint.

La zône supérieure des forêts n'entre en sève, chaque année, qu'un mois et demi plus tard, jaunit et se dépouille de ses feuilles environ un mois plutôt.

La zône moyenne n'a guère, au sommet des Alpes, que quatre mois de véritable vie; le reste ressemble au sommeil des animaux hibernants; ce qui doit amener une grande différence dans l'âge d'amégament des futaies, que Baudrillart fixe, quant au mélèze, à 80 ans, tandis que dans les Alpes cet arbre ne peut être aménagé qu'au bout de 250 à 300 ans.

Les conditions de la végétation ou de la germination à l'*adrech* et à l'*ubac* n'étant pas les mêmes, doivent nécessairement modifier le régime des paccages. Cette considération est très importante; j'y reviendrai plus loin. J'appellerai sur cet objet l'attention de l'administration forestière et des Conseils municipaux.

C'est sur le premier versant qu'ont eu lieu les premiers défrichements, d'où sont sortis les champs et les prés, après la construction des cabanes qui ont servi d'abri à ces tribus dont l'unique bien consistait en troupeaux, ainsi que l'indique le mot patois *aver*, avérage, encore usité parmi nous pour désigner les brebis, les moutons, l'espèce en général; étym. : de *aver*, avoir, l'avoir par excellence, la véritable propriété, parce que les peuples nomades n'en avaient pas d'autres, ainsi que nos premiers pères. En ce temps, le berger, comme le Kabile ou le Bédouin, promenait son troupeau partout, sans obstacle et sans entrave, ne craignant pas qu'un garde forestier, s'interposant entre lui et son soleil, vînt lui déclarer procès-verbal.

Mais à mesure que les défrichements ont pris de l'extension; que les troupeaux se sont multipliés ; que des groupes d'habitations, des hameaux, des villages, se sont formés, et que les forêts ont disparu de ce versant, on a senti alors le besoin de conserver les forêts sises sur l'autre versant, afin d'y prendre, pour les besoins de chauffage, de bois de construction.

Des réglements sont intervenus, et l'administration locale, d'abord, et la forestière, ensuite, ont été chargées d'en surveiller l'exécution.

Il en est résulté (et ceci est devenu d'autant plus sensible, en la plupart des localités, depuis 1795, mais surtout depuis la promulgation du nouveau code forestier) que les habitants n'ayant plus eu le libre parcours des paccages enclavés dans les forêts ou dans leurs intersections, se sont rejetés sur ceux de l'autre versant, déjà déboisé en grande partie, et où ils ne rencontraient pas les mêmes entraves. Les défrichements avaient eu lieu sur la zône inférieure de la vallée, les troupeaux ont opéré, par le piétinement et leurs dents, le dégazonnement de la zône supérieure ; alors les eaux pluviales n'étant plus absorbées par le gazon, qui avait été rompu, ont emporté les terres, creusé les pentes, formé les ravins et comblé le fond des vallées.

Le dégazonnement a marché d'autant plus vite, que le déboisement continuait en même temps sur le même versant, ainsi que nous le prouverons en traitant de l'affouage.

C'est donc au préjudice du versant cultivé et des paccages qu'il offre, qu'on a ménagé ceux de l'autre versant, bien plus productifs d'herbages, et qui, à raison de leur élévation et de la rigueur de leur climat, étaient bien moins en danger d'être ravinés, étant presque toujours couronnés de neige, couverts de givre et de gelée blanche, quand il pleut dans le fond de la vallée.

Au point que si l'on eût convenablement réparti les troupeaux sur les pâturages des deux versants, on aurait conservé le sol ou le fonds, mieux nourri les troupeaux, et préservé les pays de plaine des ravages des eaux et des inondations, et qu'il faudra dorénavant que l'administration locale et la forestière réservent une plus grande surveillance, je dirai même leurs rigueurs, pour les quartiers de l'*adrech* qui seront mis à la réserve, et livrent d'une main moins avare, aux besoins indispensables, les paccages de l'*ubac*.

En une matière qui doit influer puissamment sur leur régime et sur les intérêts matériels du pays, j'ai besoin d'étayer mon opinion de celle de M. Surrel, d'un ingénieur dont on ne contestera pas l'autorité :

« S'il pouvait rester quelque doute sur le rôle actif que joue le climat dans la production des torrents, je citerais une observation générale qui a été faite depuis longtemps dans ces montagnes. Quand on parcourt les vallées dirigées de l'est à l'ouest, ou réciproquement, on remarque que les versants tournés au nord sont généralement boisés ou tapissés de végétation, tandis que ceux tournés vers le sud sont dénudés et arides. On observe, en même temps, que les premiers sont beaucoup moins infestés par les torrents que les seconds, et le contraste est souvent tel, que l'on voit des revers horriblement mutilés par les torrents, en face d'un autre revers sur lequel il n'en existe pas un seul.

« Or, il est évident qu'une pareille différence dans la manière d'être des deux revers, qui sont presque toujours formés des mêmes bancs de terrain, ne peut s'expliquer que par l'influence de l'*exposition*, et comment agit l'exposition, si ce n'est en tempérant, dans les versants tournés au nord, les effets du soleil méridional. Ils gardent plus longtemps les neiges, retiennent mieux l'humidité, sont à l'abri des vents brûlants du sud, jouissent de tous les avantages de l'ombre et de la fraîcheur, etc. ; tous ces effets s'ajoutent et soumettent en réalité ces versants à des conditions climatériques, différentes de celles qui agissent sur les versants opposés, quoiqu'ils soient placés tous les deux sous le même ciel. » (1)

Mais à cause des dangers auxquels les troupeaux sont exposés par rapport à la législation forestière existante, plutôt que de courir de si grands risques en procès-verbaux de délit, plusieurs propriétaires ont préféré exiler complétement leur menu bétail de ces paccages, quoique les herbages en fussent plus abondants, rafraîchis par l'ombre et la rosée des nuits.

Je ne discuterai pas les inconvénients qu'il y a de tolérer le paccage des bêtes à laine dans les bois, quand ils ne sont pas défensables; tout le monde est d'accord là-dessus; mais lorsqu'ils le sont, je vais parler de l'ordonnance du roi qui pouvait l'autoriser, et qui devait être renouvelée, tous les cinq ans. Qui ne voit que ce recours à la puissance souveraine oblige à traverser un méandre administratif tellement compliqué, qu'il y a toujours à craindre qu'à l'é-

(1) *Etude sur les torrents des Hautes-Alpes*, par Alexandre Surrel, pag. 110.

poque de l'expiration, l'autorisation du renouvellement ne soit pas encore arrivée ou ne soit plus continuée? C'est bien l'épée de Damoclès sur la tête des agriculteurs.

Je dois traiter à présent du paccage des bêtes aumailles, dans l'enceinte des bois.

La manière dont ces animaux broutent les rend infiniment moins offensifs que les moutons.

Beaucoup moins nombreux, ils font aussi moins de dégât, et nuisent moins au gazon par la largeur de leurs pieds. D'ailleurs, ils sont indispensables pour le labourage, et l'on ne peut prendre ailleurs que dans les paccages pour les nourrir pendant la belle saison ; car le foin qu'on récolte, il faut le réserver pour les nourrir en hiver, afin d'avoir assez de chaleur pour réchauffer la famille dans les étables. On ne saurait donc user de trop de ménagements envers des animaux si précieux : de là, chaque fois que les agents forestiers ont interdit le paccage des vaches, les représentations pressantes des maires et des Conseils municipaux, la résistance des habitants ensuite.

Le Tartare vit du lait de ses juments, l'habitant des montagnes, du lait de ses vaches, qui l'aident encore dans ses travaux : comment l'un et l'autre doivent-ils accueillir l'ordre de laisser périr de faim ces animaux, plus barbare que celui de les immoler ?

En bonne administration, il faut d'abord « reconnaître « les besoins, et après les avoir reconnus, il faut leur obéir. »

DEUXIÈME PARTIE.

CHAPITRE II.

DE L'AFFOUAGE.

Nous avons vu l'administration forestière ouvrir l'entrée, fixer la sortie des paccages, en régler en même temps la circonscription et l'étendue, dont, faute de limites bien déterminées, elle laissait l'appréciation au garde.

Nous avons vu les infractions punies d'une amende faite

pour amener la destruction des troupeaux. Aussi les bergères, au lieu de chansons, ne chantent plus que des élégies.

Les bergers ont suspendu leur flûte et leur haut-bois aux branches des saules.— Autres temps, autres mœurs.— Nous n'aurons plus en action les églogues de Virgile ni les idylles de Gessner. Adieu les chants qui égayaient les veillées rustiques de la grange et qui charmaient l'ennui des longs hivers!

Nous allons passer maintenant à l'examen de l'affouage.

L'administration forestière, se fondant sur des observations tirées de la physiologie végétale, regarde l'élagage comme mortel aux arbres résineux, tels que pin, sapin, mélèze, etc.

Mais, ne pourrait-on pas, sans déshonorer un arbre et en ne pas portant l'élagage au-delà du tiers de sa hauteur, le priver de quelques branches inférieures, sans nuire à sa croissance? L'expérience a appris aux propriétaires de bois de mélèze, qu'en émondant les branches inférieures, on facilitait la venue des jeunes sujets.

Ainsi, ne pourrait-on pas faire cette opération en grand, avec la surveillance du garde, assisté de quelques conseillers municipaux? Loin de nuire, elle serait probablement salutaire : ces arbres coniques, privés de leurs branches inférieures, qui sont les plus larges et les plus longues, laisseraient passer les rayons solaires, dont l'action sur le sol est si profitable à toute la végétation.

Au reste, comme nous désirons vivement la conservation des forêts, nous soumettons cette observation à l'administration compétente, qui, par de fortes et excellentes études, prépare des hommes spéciaux, capables de tirer parti des enseignements de la théorie et des avertissements de la pratique.

On a donc, jusqu'à présent, proscrit l'élagage, et permis l'enlèvement du bois mort et mort-bois ; sous cette dernière dénomination ont été compris : le prunellier, l'épine-vinette, le rosier sauvage, le genevrier rampant ou sabine, (*juniperus sabina* (L.).

Cet arbuste croît sur l'un et l'autre versant, depuis la base de la montagne jusqu'à 2,400 mètres de son élévation.

Comme le cyprès, il est toujours vert, toujours jeune, ainsi que son nom latin, formé par contraction de *juvenis semper*, me paraît l'indiquer. Comme le cyprès, il résiste aux plus grands froids des hivers: il s'allonge en serpentant, enlace les arbres sur son passage; par ses ramifications retient la neige sur les terrains en pente, et s'oppose aux avalanches.

Au lieu de laisser détruire cet arbrisseau, il aurait fallu le regarder comme sacré. Je m'étais déjà expliqué sur son immense utilité devant une commission agricole instituée dans l'arrondissement de Barcelonnette, en 1834. Entre autres objets mis en délibération, on agita la question du boisement. Je proposai alors, comme question préalable, celle du *non déboisement* ; la commission de se récrier : « Personne ne songe à déboiser, » me dit-on ; « Cependant on le fait, » répondis-je.

« N'a-t-on pas permis jusqu'à présent l'extraction du genevrier rampant, dont la Providence a garni les flancs de toutes nos montagnes, qu'on trouve dans toutes les scissures des rochers et sur tous les terrains en pente en certaines vallées, notamment en celle de Barcelonnette ? Je vous citerai des villages qui lui doivent leur conservation. Je crois qu'il faudrait s'attacher à multiplier cet arbrisseau au lieu de le détruire. »

Mes observations firent impression ; on promit d'en tenir compte, et l'on passa au projet du reboisement.

On continua, comme précédemment, à fermer les yeux sur l'arrachement de tous les arbustes et sur celui du genevrier rampant.

Dans toutes les communes, on travaillait, comme à l'envi, à dégarnir tous les terrains en pente sur l'un et l'autre versant; mais surtout à l'*adrech*, où l'on prenait le genevrier rampant et les autres arbustes en dédommagement des branches dont l'administration ne tolérait plus l'élagage. Si les habitants avaient eu la faculté de se pourvoir de bois de chauffage dans les forêts de l'autre versant, en quantité suffisante pour couvrir leurs besoins annuels ; si l'administration forestière n'eût pas été trop parcimonieuse à leur égard, ils n'auraient pas déboisé le versant opposé (l'*adrech*). Les administrations municipales, voyant que l'entente n'était pas facile avec les agents forestiers ; que les procès-verbaux tombaient comme la grêle sur les habitants, qui manquaient souvent de bois, fermèrent les yeux sur les dégâts qui s'opéraient à l'*adrech* ; parce que toute la rigueur possible vient se briser contre la nécessité : c'est parce qu'on a voulu trop ménager le versant tourné au nord, qu'on s'est rejeté sur le versant méridional non soumis au régime forestier, et qu'on l'a dégarni. Chaque vallée va présenter l'image d'une maison dont le toit serait couvert d'un côté, et tout-à-fait à jour et délabré de l'autre.

Genevriers, amélanchiers, épines-vinettes, rosiers sauvages, lavandes, genêts, bruyères, etc., tout disparut. Aussi,
aux moindres averses, des rigoles se formèrent partout, et
dans les vastes bassins de recueillement, à l'occasion des fortes
pluies, les eaux, entraînant les terres, donnèrent naissance à
des torrents furieux , qui , affouissant profondément leurs
berges, ont couvert de ravine des villages entiers et tout le
terrain cultivé qui les environnait. Je citerai, entre autres,
le charmant village de Gueinier (commune de Jauziers) ,
dont M. Cremont-Garnier a fait une si gracieuse description
dans ses *Lettres sur la vallée de Barcelonnette.*

« En voyant ces hameaux garnis de jolies habitations
ombragées de grands noyers, et dont les toits couverts
en ardoise rappellent l'air d'aisance et de propreté qui
règne dans les villages de la basse Normandie ; on dirait la
déesse de l'agriculture posant sur sa tête une couronne de
feuillage. »

Il n'y a plus que des ruines. Les roches d'Abriès sont
devenues complétement chauves par l'arrachement du genevrier rampant ; les torrents ont franchi leurs digues, emporté la terre végétale et engravé les habitations : c'est
l'image de la désolation.

C'est aussi de cette commune que sont partis plusieurs
émigrants, qui sont allés fonder une colonie au Mexique.

Comme les désastres signalés ci-dessus se sont répétés
sur différents points, à des sinistres aussi étendus, déchi-
rant et creusant le versant méridional de toutes les vallées,
il faut assigner une cause générale.

Cette cause est le déboisement de ce versant. Je demeurai
convaincu qu'il fallait empêcher que l'on continuât à arracher
les arbustes, mais surtout le genevrier, qu'il était urgent,
au contraire, de multiplier.

Je cherchai donc le moyen le plus prompt pour sa reproduction et sa propagation. Quelques habitants m'assu-
rèrent en avoir vu germer et prendre racine des branches
fraîchement coupées et fichées en terre dans l'intervalle des
pierres formant un mur de soutènement.

Pline dit, dans son *Histoire naturelle*, que la sabine vient
aussi de Provins ; je communiquai ce passage à M. le garde
général des eaux et forêts de l'arrondissement de Barcelonnette, et l'engageai, en 1847, à faire, en différentes exposi-
tions, sur la culture de la sabine, des essais qui ont con-
firmé l'observation du grand naturaliste.

Au demeurant, la sabine croît spontanément sur les terrains inclinés non fréquentés par les pâturages. Il est bien

fâcheux que cet arbrisseau essentiellement conservateur ait été si maltraité ; il devrait être respecté à l'instar des chênes druidiques. Tout humble qu'il est, il n'en mérite pas moins de fixer l'attention de l'administration forestière et des Conseils municipaux, puisque des branches de saule, des brins de paille forment les digues de la Hollande.

Je reviens à la coupe affouagère, dont cette digression si nécessaire sur la sabine et sur l'arrachement des autres arbustes et des bruyères, m'a un peu écarté.

Du retard de la coupe affouagère.

Dans un pays où l'on n'a que cinq mois dans l'année pour s'occuper des travaux agricoles, on ne saurait faire la délivrance de la coupe affouagère de trop bonne heure ; plusieurs communes ont eu à souffrir de ce retard. La pétition suivante m'a paru devoir être rapportée, parce qu'elle en résume les inconvénients, et parce qu'elle en fournit la preuve :

A Monsieur le Préfet du département des Basses-Alpes.

« Monsieur le Préfet,

« Telle est la position des communes de l'Arche et de Meironnes, qu'elles sont obligées de fatiguer, chaque année, l'autorité de leurs plaintes toujours relatives au retard de la coupe affouagère dans la forêt de Tournoux, dont elles sont usagères.

« Les maires de ces communes, par leurs lettres, du mois de février et du 21 avril dernier, à M. le Sous-Préfet, sollicitaient que cette délivrance eût lieu, ainsi que les Conseils municipaux l'avaient demandé par leurs délibérations du 9 août 1834, aussitôt que le sol de la forêt serait débarrassé de la neige, c'est-à-dire vers le commencement de mai, parce que l'ordre des travaux de l'agriculture l'exige ainsi.

« En mai et jusqu'au 20 juin, on peut aller au bois ; en juillet, on donne aux champs le premier et le deuxième labour, on arrose les prés ; en août, on fait la moisson et l'on ensemence les terres ; en septembre, on rentre la récolte et l'on bat le grain ; et ces travaux finis, la plupart des habitants engraissent leurs bêtes de somme pour les vendre aux foires d'automne ; en sorte que le printemps est la saison la plus propice pour s'occuper de l'affouage.

« Au lieu de suivre cet ordre marqué par la nature des lieux, l'an passé, on a offert la coupe le 6 août, c'est-à-dire dans un temps où l'on n'a pu l'accepter, et cette année les communes en sont encore à l'attendre au 10 juin.

« En sus de la perturbation que ces lenteurs apportent dans les travaux, tels sont encore les autres inconvénients qui en naissent, que beaucoup de ménagers n'ayant plus de foin recolté précédemment, sont obligés de nourrir, plus tard, leurs bêtes de somme de foin frais ; ce qui les énerve et les met hors d'état de supporter la plus pénible des charges : celle de bois, qu'on va chercher à deux ou trois lieues; et que, pendant les chaleurs de juillet, un essaim de grosses mouches qui infestent la forêt désole ces animaux, les rend impatients, indociles, intraitables même et très difficiles à charger. Ces détails seraient oiseux, et nous ne nous les permettrions pas s'il ne s'agissait pas de prospérité rurale et d'un si pressant besoin que celui du feu, au sommet des Alpes.

« Mais pourquoi la sollicitude que l'administration forestière doit à tous les affouagistes ne la porte-t-elle pas à faire cette délivrance à ces communes, en temps opportun, suivant la possibilité de la forêt ?

« Nous demandons, Monsieur le Préfet, qu'on serve nos besoins annuels, en vertu de votre arrêté du 10 juillet 1834, ou d'après les délibérations des Conseils municipaux susmentionnées.

« Agréez l'hommage du respect avec lequel nous sommes, etc.

« *Les Maires des communes de l'Arche et de Meironnes.*

« Meironnes, le 10 juin 1835. »

De la privation de la coupe affouagère.

Ce n'est pas seulement de la délivrance tardive de la coupe affouagère que les communes ont eu à souffrir, c'est encore de la privation.

En 1835, avant l'ouverture de l'affouage, une visite domiciliaire, sur la réquisition des agents forestiers, fut faite chez tous les habitants de la commune de Meironnes, à l'effet de constater les provisions de bois existantes chez chacun d'eux.

Tous ceux qui furent reconnus possesseurs d'une quantité de bois suffisante pour les besoins d'une année (et ils étaient nombreux), furent exclus, sur la proposition de ces mêmes agents, de toute participation à l'affouage.

Ce bois consistait principalement en vieilles souches de mélèze, que plusieurs tenaient encore des économies de leurs pères, et que d'autres tenaient des épargnes faites aux dépens du bois pris sur leurs propriétés particulières, mais que tous réservaient pour un cas de maladie d'un ou de plusieurs membres de la famille, ou de privation de service, pour la même cause, de leurs bêtes de somme, et dont aucun, jusque-là, ne faisait commerce.

Je fis valoir ces raisons auprès de M. le Sous-Préfet ; je le priai instamment de revenir de cette décision. J'eus beau représenter à ce magistrat que, « dire à ces habitants : « Si l'on « trouve encore chez vous, au printemps, 18 ou 20 charges « de bois, vous serez privés, cette année-là, de vos droits « d'affouage, » c'est les inviter à vendre le bois qu'ils ont sur leurs propriétés particulières pour s'en pourvoir exclusivement aux dépens des bois communaux ; ce n'est pas les engager à ménager leur bois de chauffage, mais à le prodiguer ; et lorsqu'ils seront obligés de brûler ce même bois dans l'appartement glacé où ils veilleront leurs malades, ils seront pris au dépourvu, parce que le bois qu'on leur accorde annuellement ne peut plus suffire à cette consommation. De même que la nature nous a donné le double des organes les plus nécessaires : deux yeux, deux oreilles ; et quoique, strictement parlant, un seul pût nous suffire, l'art doit pareillement doubler les choses dont dépend le bonheur de la vie.

« Ainsi, nous avons soin nous-mêmes d'avoir plus d'une chemise et d'un habit.

« C'est pourquoi il me semble qu'il y aurait injustice et imprévoyance à exclure de l'exercice de leurs droits d'affouage les habitants qui sont reconnus posséder en ce moment 18 ou 20 charges de bois, quelle qu'en soit la provenance ; et nous chercherions vainement le texte de la loi qui leur serait contraire.

« Je suis avec respect, etc.

« Le Maire de la commune. »

L'exclusion de ces habitants fut maintenue : leur exaspération devint extrême. Voyant que nous marchions vers le régime militaire, et désespérant de voir luire pour la commune des jours meilleurs, j'écrivis à M. le Préfet que je trouvais le joug trop pesant ; je lui demandai la per-

mission de le quitter, en rappelant toutefois que l'administration de la commune était devenue si difficile en ces
derniers temps, qu'en moins d'une année, deux de mes
prédécesseurs avaient été obligés de donner leur démission;
et la position des habitants si malheureuse, que nous
pouvions maintenant expliquer, d'après l'expérience, la
fable *des Animaux malades de la peste.*
Par arrêté de M. le Préfet, du 3 juillet 1835, je fus rem-
placé, ainsi que mon adjoint, qui avait aussi donné sa démission ; mais les nouveaux élus s'étant refusés, malgré
les plus vives instances du Conseil municipal, à accepter
les fonctions auxquelles ils avaient été nommés, parce
que, dirent-ils, « elles étaient devenues trop pénibles, à
« cause des entraves dont l'administration forestière en-
« tourait l'exercice des droits des habitants quant au pac-
« cage et à l'affouage. » Acte de ce refus et de ses motifs
sus-énoncés fut dressé, le 12 juillet 1835, et transmis à
M. le Préfet, qui crut trouver la solution à la position cri-
tique de la commune, en cherchant un maire et un adjoint
dans la composition d'un nouveau Conseil : l'ancien fut
dissous par ordonnance royale.

Du partage des bois.

Tant de réclamations ont déjà été présentées contre les
dispositions de l'article 105, qui règle le partage des bois
par feu, c'est-à-dire par chef de famille, que je n'en par-
lerai que très succinctement.
En effet, un ménage composé de huit ou dix personnes
consume beaucoup plus de bois qu'un ménage moins nombreux.
On doit tenir compte des plus grands besoins de bois de
chauffage pour la cuisson du pain, la lessive, les prépa-
rations de laitage, l'état maladif ou valétudinaire d'un ou
de plusieurs membres de la famille, etc.

De l'entrepreneur de la coupe.

Si les bois se délivrent par coupe, les communes sont te-
nues, aux termes de l'art. 81, de fournir un entrepreneur
responsable des délits commis dans le rayon de la coupe.
Cette obligation fait peser sur elles une trop grande res-
ponsabilité. On conçoit que lorsqu'il s'agit d'une coupe
réglée, c'est-à-dire à *blanc estoc*, un adjudicataire qui
voudrait faire quelques profits illicites pourrait être tenté

de sacrifier quelques arbres à la périphérie de cette coupe, et qu'il doit, dès lors, en répondre ; mais dans les montagnes, où, à cause de l'inégalité du terrain, et partant de la croissance inégale des arbres, les coupes ne peuvent se faire qu'en jardinant, et comprennent une grande partie de la forêt, exiger des communes un entrepreneur responsable, c'est appliquer à tous les habitants d'une commune, quant aux arbres coupés en délit, les dispositions de la loi romaine, qui rendait tous les nombreux esclaves d'une maison solidairement responsables de l'homicide ou mort violente de leur maître.

Exiger des communes un entrepreneur responsable, c'est les obliger à de nouvelles dépenses, en ce que, en sus du traitement du garde ordinaire, il faudra encore établir et payer un garde particulier pour la coupe, ou se résoudre à payer le montant des délits commis dans presque toute l'étendue de la forêt. Mais alors à quoi bon le garde ordinaire ?

Du taux des amendes.

Si l'on en excepte quelques rares communes dont les forêts sont placées dans le voisinage des rivières flottables, la valeur vénale des bois, pour toutes les autres communes, exigerait une réduction dans le taux des amendes pour les arbres coupés en délit.

L'art. 192 fixe une amende proportionnelle, suivant la circonférence ou grosseur de l'arbre.

Il semble que pour les arbres à essence résineuse, tels que pin, sapin, mélèze, on devrait avoir égard aussi à la bonne conformation, à la direction vicieuse ; car un arbre contourné, rabougri ou dévié ne doit pas avoir la même valeur, à circonférence égale, qu'un arbre bien élancé ; un arbre déjà sec ou mort, ou bien atteint de carie, la même valeur qu'un arbre sain. L'amende devrait donc être différente. Moindre dans le premier cas, les délinquants s'attacheront plutôt à ces arbres ; ce qui serait encore un moyen de conservation pour les seconds.

TROISIÈME PARTIE.

CHAPITRE III.

DE LA DÉLIVRANCE DU BOIS DE CONSTRUCTION.

Les besoins de bois de construction sont ordinaires, extraordinaires ou imprévus.

Chaque année, le Conseil municipal forme, par une délibération, la demande du bois de construction pour les besoins ordinaires. Cette délibération est transmise à M. le Sous-Préfet, pour être communiquée à l'administration forestière. Le garde général frappe ensuite du marteau de l'administration les arbres dont le maire doit faire la distribution aux habitants.

Il arrive assez souvent que les arbres martelés ne peuvent correspondre à la spécialité des besoins. Ils sont trop gros ou trop petits; par exemple : a-t-on à réparer les conduits des fontaines, le timon ou le joug d'une charrue, le maire, même avec l'approbation du Conseil municipal, n'a pas le pouvoir de disposer d'un seul arbre hors du martelage.

En 1827, dans la commune de Meironnes., les fontaines ayant besoin d'être réparées, le maire envoya plusieurs habitants dans la forêt couper huit arbres martelés pour en faire des conduits.

Ces habitants, n'ayant point trouvé que ces arbres martelés fussent propres à cette destination, en coupèrent égal nombre d'autres. Le lendemain, trois gardes forestiers se présentent au domicile du maire, lui demandant quel est l'auteur de cette coupe, il répond : «Moi-même, » leur faisant observer qu'irrégulière quant à la forme, elle n'était point reprochable quant au fond ; que ni lui ni les habitants n'avaient pas voulu commettre un délit, mais seulement une substitution.

Les gardes n'en dressèrent pas moins procès-verbal contre le maire, qui, malgré toutes ses réclamations auprès des chefs concernant l'urgence de ces réparations, si nécessaires en tout temps, mais surtout en cas d'incendie, ne put en arrêter le cours.

Il ne fallut rien moins que deux décisions ministérielles pour mettre le maire tout-à-fait hors de cause et terminer une affaire qui n'aurait jamais dû franchir, sinon les limites de l'arrondissement, du moins celles du département.

De l'expédition tardive des demandes pour les besoins extraordinaires de bois de construction.

Les besoins de bois de construction peuvent être extraordinaires; par exemple : en cas d'incendie ; eh bien ! alors la lenteur avec laquelle l'administration forestière procède est réellement désespérante.

Le 5 mai 1845, un incendie éclate au village de Saint-Marcellin, commune de Vars (Hautes-Alpes) ; trente-trois maisons deviennent la proie des flammes. Suit immédiatement la demande d'une coupe extraordinaire de bois de construction, par la filière administrative.

L'administration forestière ne répond ni aux délibérations du Conseil municipal, ni aux instances réitérées du maire, du sous-préfet d'Embrun, du préfet des Hautes-Alpes, ni à celles du juge de paix de Guillestre.

Au commencement d'août, les habitants ne voyant rien venir, excepté la saison de l'automne et les gelées, qui commencent de bonne heure en ces climats (2,200 mètres d'élévation), et paralysent le traînage des bois, périlleux en tout temps, mais surtout lorsque le sol est gelé, perdent patience, et vont, au nombre de quarante, abattre, sans autorisation, six cent soixante arbres. Procès-verbal fut dressé contre eux par les agents forestiers. M. le Préfet, sur l'avis de M. l'inspecteur forestier, prit alors un arrêté d'urgence pour régulariser et compléter cette coupe, qui fut portée, par ordonnance du roi, à cinq mille six cent soixante arbres.

Le 9 septembre seulement, l'ordonnance du roi arrive dans la commune de Vars.

Quelques particuliers des plus aisés parviennent à couvrir leurs maisons ; les autres, c'est le plus grand nombre, vu l'approche de la mauvaise saison, sont condamnés à ajourner la reconstruction de leur charpente jusqu'au printemps, et à passer l'hiver sous la neige. J'ai appris de leur bouche que la pluie tombant sur les murs de leurs maisons, bâties en pierres liées avec de la terre glaise, sur les voûtes, sur les plafonds, avait tellement dégradé leurs demeures, qu'elle leur avait fait autant de mal que l'incendie.

C'était bien à ces pauvres, à ces infortunés cultivateurs, dont le mobilier et les provisions avaient été détruits ;

À eux, couverts de haillons, sans asile et sans pain;

A eux, dont les fourrages, subissant plusieurs fois l'action de la pluie et de la neige, avariés, par conséquent, vont encore altérer la santé de leurs bestiaux ;

A eux, dont les plaintes trouvaient l'administration sourde à leurs prières, qu'il appartenait de dire aux passants :

« O vous tous qui traversez le village de Saint-Marcellin, considérez et voyez s'il est une douleur comparable à la nôtre ! »

C'était bien au maire de Vars, fort du droit à l'assistance, qui vient de l'humanité avant d'être inscrit dans la Constitution ;

A ce fonctionnaire qui avait à répondre aux clameurs des habitants et à essuyer les lenteurs de l'administration forestière;

Que l'on eût volontiers pardonné, après être vainement descendu jusqu'aux plus humbles suppliques, de s'être relevé, et, changeant de ton, d'imiter ce maire de village se plaignant à un chef supérieur de l'administration de l'ajournement d'une coupe de bois très pressante : — mais la révolution du 24 février n'avait pas encore soufflé sur les communes ; l'ère démocratique n'avait pas encore commencé.

. . . .

« On viendra donc à notre secours quand nous ne serons
« plus. Parce qu'on habite des salons où l'on regorge d'a-
« bondance, où l'on ne souffre pas, ne pourra-t-on jamais
« se convaincre que d'autres souffrent ? C'est donc toujours
« le maître et l'esclave? Pourquoi y a-t-il des hommes à la
« tête de l'administration forestière, si ce n'est pour veiller
« à la conservation des bois, puis les distribuer en cas d'ur-
« gence ?

«Vous voudrez bien m'excuser, Monsieur, si je parle avec
« chaleur : je suis sous l'impression de la nécessité. Je
« plaide la cause du malheur, la cause de celui qui porte
« le fardeau sans soulagement, qui n'obtient jamais rien,
« parce qu'il ne demande pas et ne sait pas demander :
« c'est le Peuple ! Longtemps il dort, mais son réveil est
« terrible; c'est à nous qui sommes ses administrateurs à
« prévenir ses fureurs, qui ébranlent la société dans ses fon-
« dements..... Je termine cette épître, déjà trop longue, en

« vous priant de prendre le moyen le plus court pour venir
« au secours d'une population qui ne voit que des ruines
« autour d'elle.
« Dans cet espoir, j'ai l'honneur, etc.
       « 28 janvier 1849. »

Gardons-nous cependant de conclure qu'il existe en
France des administrateurs au cœur de pierre, qu'un grand
malheur, arrivé à quelques lieues d'eux, ne touche guère
plus que s'il était arrivé à la Chine ou au Japon ;
Accusons plutôt de ces graves inconvénients la centralisation. Que les partisans de ce mécanisme viennent l'ad-
mirer à Vars et dans la plupart des communes rurales !

L'emploi d'une longue scie doit être rendu obligatoire
pour diviser les arbres.

La manière dont on convertit en billots, dans la plupart
des communes rurales, les arbres de construction, pour en
faire des planches, etc., ou pour en faciliter le traînage,
avait donné lieu à une proposition insérée dans le travail
statistique de la commune de Meironnes, adressé par moi,
à M. le Préfet, le 3 août 1830. J'avais vu sacrifier le quart
ou le cinquième de la longueur des arbres en incisions avec
la hache, et je prouvai aisément qu'en rendant obligatoire,
dans chaque commune, l'emploi d'une longue scie (1) pour
diviser les arbres, on arrivait à un résultat important ;
« car, en politique, il n'y a pas de si petite économie qui
« soit à dédaigner. » (Franklin.)
En prenant pour terme de comparaison les deux communes de l'Arche et de Meironnes, dont les besoins annuels
étaient, à cette époque, d'environ 100 mélèzes ; en dé-
falquant le 1/5ᵐᵉ de ces arbres, et faisant l'application de
ces calculs aux autres communes du département, en trois
ou quatre ans on aurait épargné ou sauvé une forêt. La
proposition passa inaperçue. Le mode d'exécution était
pourtant bien facile. M. le Préfet n'avait qu'à prendre un
arrêté qui eût rendu l'emploi de la scie obligatoire.
On sera moins surpris de ce perfectionnement à intro-

(1) Passe-partout des scieurs-de-long. Longue scie sans
monture ayant à chaque extrémité un anneau qui reçoit une
cheville servant de manche.
On l'emploie pour scier le bois en travers.

duire, quand on voudra se rappeler que M. Blanqui a peint l'arrondissement de Castellane comme le théâtre le plus curieux en matière de faits économiques. « Là, dès qu'on est hors de la route nouvelle qui conduit de Digne à Antibes, par Grasse, on trouve des populations plus éloignées de l'influence française que les îles Marquises, et l'on y pourrait faire, au moment où je parle, le plus intéressant voyage de découvertes. L'importation d'une brouette y produirait autant de sensation qu'une locomotive. »

De la distribution des bois de construction.

Incidemment, je vais dire un mot sur la distribution des bois de construction. C'est le maire qui en est le répartiteur. Eh bien ! l'expérience a prouvé que pour mettre le maire à l'abri de tout reproche de partialité, il est à propos qu'une commission prise dans le sein du Conseil municipal, procède à l'examen des besoins de bois de construction, et assiste à la répartition.

D'autre part, il ne faut pas que le maire puisse dire, par devers lui: « Nul n'aura du bois que nous et nos amis ; » ce qui serait révoltant ; et l'exécuter, ce qui serait plus fâcheux. Les gens qui n'ont point vécu à la campagne peuvent croire qu'il s'agit ici d'une chose de bien peu d'importance ; mais je la tiens, moi, pour très sérieuse; et ceux qui avaient réellement besoin de bois, auxquels il en a été refusé, et qui ne savaient où en acheter, ceux encore qui en ont été les témoins, craignant d'essuyer semblable refus à leur tour, penseront comme moi.

Ainsi, quand nous désirons voir arracher jusqu'aux dernières fibres du despotisme, il s'agit de ne pas le reconstituer en faveur d'un maire.

QUATRIÈME PARTIE.

CHAPITRE IV.

DES PEINES ET CONDAMNATIONS FORESTIÈRES PAR RAPPORT AUX HABITANTS.

Les dispositions des articles 199 et 200 du code forestier ne vont à rien moins qu'à la ruine des habitants dont le menu et gros bétail fréquente les pâturages du versant tourné vers le nord, et soumis à ce régime.

Nous avons déjà eu occasion de mentionner les amendes extraordinaires dont sont frappés les délinquants. Il conste des recherches auxquelles je me suis livré, qu'en dix ans, vingt communes pauvres, formant trois cantons, ont payé en condamnations forestières, dont une grande partie avait trait au paccage, la somme de fr. 59,379 03, ainsi qu'on peut s'en convaincre par l'inspection des tableaux ci-joints :

CANTON DU LAUZET.

RELEVÉ du montant des Condamnations prononcées par le tribunal correctionnel de Barcelonnette (Basses-Alpes), pour délits forestiers, depuis le 1er janvier 1839 jusqu'au 31 décembre 1848, dans le canton du Lauzet, distraction faite des amendes encourues par les gardes, pour défaut de surveillance.

NOMS des COMMUNES.	SOMMES résultant des condamnations pour délits forestiers.	TOTAL de la contribution foncière de chaque commune.	QUOTITÉ de la contribution assise sur les biens communaux, comprise dans le total de la 3e colonne.	POPULATION des COMMUNES.
Revel.........	F. 7,262 83	F. 3,886 62	F. 284 19	918
Méolans.......	3,751 35	4,140 28	916 03	1,040
Lauzet........	1,584 20	3,662 93	1,053 »	965
Saint-Vincent .	6,166 64	3,508 78	382 74	708
La Briole......	619 93	3,194 25	21 33	1,082
Ubaye	319 57	947 26	150 05	234
Pontis	186 45	2,000 96	185 18	339
Total général..	19,890 97	24,338 08	2,992 19	

CANTON DE SAINT-PAUL.

RELEVÉ du montant des Condamnations prononcées par le tribunal correctionnel de Barcelonnette (Basses-Alpes), pour délits forestiers, depuis le 1er janvier 1839 jusqu'au 31 décembre 1848, dans le canton de Saint-Paul, distraction faite des amendes encourues par les gardes, pour défaut de surveillance.

NOMS des COMMUNES.	SOMMES résultant des condamnations pour délits forestiers.	TOTAL de la contribution foncière de chaque commune.	QUOTITÉ de la contribution assise sur les biens communaox, comprise dans le total de la 3e colonne.	POPULATION des COMMUNES.
Saint-Paul	F. 4,845 01	F.7,747 77	F.1,339 58	1,714
Meironnes.	2,664 61	2,747 77	731 67	560
L'Arche........	2,061 05	3,088 36	558 90	635
Total général ..	9,540 67	13,583 90	2,630 15	

CANTON DE GUILLESTRE.

RELEVÉ du montant des Condamnations prononcées par le Tribunal correctionnel d'Embrun (Hautes-Alpes), pour délits forestiers, depuis le 1ᵉʳ janvier 1839 jusqu'au 31 décembre 1848, dans le canton de Guillestre, distraction faite des amendes encourues par les gardes, pour défaut de surveillance.

NOMS des COMMUNES.	SOMMES résultant des condamnations pour délits forestiers.	TOTAL de la contribution foncière de chaque commune.	QUOTITÉ de la contribution assise sur les biens communaux, comprise dans le total de la 3e colonne.	POPULATION des COMMUNES.
Guillestre	F. 5,475 »	F.7,998 25	F.1,103 39	1,742
Vars.........	5,306 »	3,025 49	569 44	996
Ceillac........	4,680 »	3,448 66	1,352 85	801
Risoul........	2,966 »	5,348 07	783 85	920
Saint-Crépin ..	2,457 »	5,133 95	434 46	1,154
Réotier	2,404 »	4,327 62	454 64	566
Eygliers	2,174 »	3,366 12	164 61	755
Champulla.....	2,058 »	3,639 14	718 64	743
Saint-Clément .	1,341 »	5,384 47	358 69	674
Freyssinières ..	1,106 39	5,361 54	1,918 42	898
Total général..	29,947 39	47,033 34	7,858 99	

Cette triste vérification n'a été faite que dans trois cantons ; qu'on l'étende à tous les cantons de plusieurs départements montagneux, elle produira une impression dou-
loureuse sur les esprits, même les plus prévenus.

Il résulte de ce relevé, que le montant des condamnations
prononcées contre divers habitants est, au montant décen-
nal de toutes les contributions foncières de leurs communes respectives, comme 1 est à 10 pour le canton du Lauzet,
1 à 14 pour le canton de Saint-Paul (Basses-Alpes), 1 à 15
pour le canton de Guillestre (Hautes-Alpes), pris collec-
tivement ; 1 à 5 1/2 pour la commune de Vars, et de 1 à 7
pour celle de Ceillac, prises séparément, faisant partie de ce
dernier canton toutes les deux, et toutes deux plus rapprochées des bois communaux et des paccages.

Si l'on voulait comparer maintenant le montant de la
somme payée en condamnation par chaque délinquant,
avec le montant de sa contribution foncière, on obtiendrait
une proportion inverse, qui serait comme 2, 3, 4, 5, 6 sont
à 1, pour le plus grand nombre de cas, et dont le premier
terme serait quelquefois plus élevé. Rien que quatre procès-verbaux dans le canton de Saint-Paul ont donné lieu
aux condamnations suivantes, dont le montant est, pour le
premier, à la date du 24 juillet 1841, de . . F. 617 95
Pour le deuxième, du 1ᵉʳ décembre 1842 . 302 70
Pour le troisième, du 30 novembre 1843. 495 15
Pour le quatrième, du 14 décembre 1843. 249 65

TOTAL. . . . F. 1,663 45

Condamnations bien faites pour arracher, à toute la
commune en général et aux délinquants en particulier, ces
lamentations :

« Notre héritage et nos maisons sont tombés en mains
« étrangères (1). Nous sommes devenus des orphelins. »

. . . . « Les maires qui ont eu pitié de notre position et qui ont réclamé, ont été abreuvés de dégoût ; ils
ont été forcés de se retirer. Nous avons acheté chèrement
le bois qui nous appartenait.

. . . . « On a traîné nos bestiaux, et nous-mêmes,
la corde au cou ; et lorsque nous étions las, on ne nous don-

(1) Les expropriations prennent, depuis plusieurs années, dans
ces pays, des proportions alarmantes.

nait aucun moment de repos. L'ardeur de la faim a rendu notre peau noire et sèche comme une fournaise (1).

Nous sommes bien éloigné de demander qu'on livre les forêts à la discrétion des habitants; nous croyons avoir donné des gages véritables à la conservation des bois et des paccages, ainsi que l'ont prouvé plusieurs endroits de ce mémoire; mais nous souhaitons que les agents forestiers se pénètrent des besoins des communes, et travaillent, de concert avec les administrations municipales, à servir ces besoins suivant la possibilité de chaque versant. Malheureusement, je prévois que l'accord ne pourra pas régner tant que l'administration forestière sera le principal juge de la possibilité; elle plaidera constamment *pro aris et focis.*

Il en résulte qu'il n'y a pas d'autres garanties que le caractère, que la justesse plus ou moins grande de l'esprit du forestier : « Souvenez-vous pourtant , a dit naguère un homme d'État, que la modération dans ceux qui gouvernent ou administrent ne fut jamais acceptée comme une garantie par personne...... Nous aimons mieux une règle , quelque dure qu'elle puisse être, mais une règle qui soit stable, fixe, qui ne nous rende dépendants des vertus de personne. »

Et cependant mieux vaudrait empêcher les délits, en accordant une juste satisfaction aux besoins, que de méconnaître les besoins, et forcer aux délits par la résistance , et ruiner les habitants en punition des délits; car ils sont pauvres, ayez donc pitié d'eux !

Ce pâtre, sur son rocher, ce bûcheron, au fond d'un bois, n'ont, pour toute nourriture, qu'un morceau de pain noir, et, pour étancher leur soif, qu'un peu d'eau de neige.

Leur extrême pauvreté est attestée par tous les étrangers qui ont étudié le pays, qui ont habité quelque temps parmi eux : par M. Surrel, par M. Jousse de Fontanière, inspecteur des forêts des deux arrondissements d'Embrun et de Briançon (dans un mémoire estimé sur la dégradation des forêts), et par M. Blanqui, surtout, avec une vérité d'expression sai-

---

(1) *Hæreditas nostra versa est ad alienos ; domus nostræ, ad extraneos. Pupilli facti sumus absque patre* . . . .

. . . . *Ligna nostra pretio comparavimus. Cervicibus nostris minabamur; lassis, non dabatur requies.*

. . . . *Pellis nostra quasi clibanus exusta est à facie tempestatum famis.*

sissante : « Jamais je n'ai vu de pareilles misères, même dans les villages de Kabyles de la province de Constantine. » (*Du Déboisement des montagnes*, page 30.)

Je ne puis me refuser au plaisir de citer aussi les paroles sympathiques adressées par le roi de Sardaigne aux habitants de la vallée de *la Stura*, située sur le versant opposé à la vallée de Barcelonnette, et dans des conditions climatériques analogues.

Ce prince visitant, il y a quelques années, les fortifications de Vinadio, se trouvant, un jour, à l'issue des offices divins, entouré par les habitants, avides de le voir, demanda s'il n'y avait pas d'étranger parmi eux. Le syndic de la commune ayant répondu que non, Charles-Albert se sentant plus à l'aise, comme un père au milieu de ses enfants, leur dit : « Les rois de Sardaigne, mes ancêtres, sachant « que les habitants de la vallée de la Stura étaient pauvres « et malheureux, autant que sujets fidèles, voulurent les « favoriser d'une réduction notable dans le prix du sel, et « compenser par ce bienfait les privations inhérentes à ce « pays. Je vous conserverai les mêmes avantages ; conser- « vez-moi le même dévouement.» Il n'y avait pas là de défenseur des gros budgets. Le peuple, plein de reconnaissance, se souvient religieusement de ces paroles, et les répète avec attendrissement aux étrangers.

Eh bien ! un impôt plus lourd que celui du sel pèse exclusivement sur les populations des montagnes : c'est l'impôt résultant des amendes pour délits forestiers (1). La République française, qui a déjà étendu à toute la France la réduction de l'impôt du sel, n'adoucira-t-elle pas la rigueur des lois forestières ? Ne recommandera-t-elle pas aux agents forestiers de pratiquer la fraternité envers des Français si pauvres, si malheureux, qui voient, tous les ans, une partie de leur récolte emportée par les gelées ; une partie par les eaux, et l'autre par les procès-verbaux ? A cela l'administration forestière répondra que c'est précisément pour parer à l'action des eaux qu'on dresse des procès-verbaux.

Il est avéré que les procès-verbaux n'ont pas empêché les

(1) Tandis que l'impôt, dans les autres départements, atteint à peine le 1/10ᵐᵉ du revenu, c'est un fait officiellement avéré qu'il en absorbe le 1/5ᵐᵉ dans les Alpes ; et l'on n'avait pas encore compté avec la cause de ruine que je signale.

Je livre ces observations au comité démocratique institué dans les Basses-Alpes pour la réduction de l'impôt.

ravages des torrents de s'agrandir encore; les raisons solides qui ont été données en preuve, pages 23 et 27, ont dû faire perdre à cette assertion la tournure d'un paradoxe.

De la nécessité de modifier la législation forestière.

Il y a donc ici un devoir à accomplir pour l'Etat. Le défaut de mesures réglementaires a produit la ruine, la destruction du pays ; si les dispositions législatives restent les mêmes , elles amèneront l'expatriation forcée des habitants. Interrogez les juges de paix appelés à recevoir l'affirmation des faits contenus dans les procès-verbaux des agents forestiers; les greffiers et les avoués , auditeurs muets de ces séances , dont les réquisitoires des gardes généraux font les honneurs, et qui sont, pour les habitants, de véritables funérailles ; les juges appelés à connaître de ces faits et à prononcer les amendes encourues par leurs auteurs ; les receveurs des domaines qui en perçoivent le montant, quelquefois par voie de saisie.

En faisant vendre la chèvre (la vache du pauvre) sur la place publique , les vérificateurs et inspecteurs de cette administration , les maires et les Conseils municipaux , témoins de la détresse des habitants , les curés , desservants et autres ministres du culte, chacun d'eux vous parlera ; tout d abord, des frais énormes que causent aux habitants les poursuites exercées contre eux par l'administration forestière, et en déduira leur ruine prochaine et leur extinction , si la prudence du législateur n'y met ordre.

Que si vous écoutez ensuite ceux qui, examinant la plaie avec plus de loisir, ont vécu, comme les douaniers et leurs chefs, avec les indigènes, et ont pénétré plus avant dans leurs souffrances; tous sont unanimes sur les conséquences, et conviennent que la position n'est plus tenable.

Puisque j'ai cité les douaniers, je ne puis passer sous silence les vues paternelles de cette administration envers les habitants. Nous le devons à la bienveillance de tous les directeurs, qui tempèrent par leurs recommandations la rigueur des réglements, et aux inspecteurs, qui, plus rapprochés des brigades, sont initiés à toutes leurs opérations, et répriment l'excès de zèle des subalternes; tandis que les inspecteurs et sous-inspecteurs forestiers, quoique, d'ailleurs, très éclairés et très recommandables, résidant, la plupart, au chef-lieu du département, ne faisant que de bien rares tournées, ne sont point en connaissance assez intime avec les bois et les besoins des habitants, etc.

Il est probable qui si l'on rendait pour MM. les inspecteurs et sous-inspecteurs forestiers deux tournées obligatoires, non-seulement dans chaque arrondissement, mais dans chaque commune, pendant le semestre d'été, le service marcherait beaucoup mieux.

Le parallèle des deux administrations donne encore lieu à une remarque que je crois ne pas devoir omettre, parce qu'elle touche aux vrais intérêts du peuple : c'est qu'en rendant aux gardes généraux, comme en douanes, la faculté de consentir des transactions avec les délinquants, et sous approbation, on épargnerait à ces derniers les frais frustratoires de la procédure.

Puisqu'il est bien établi, bien prouvé, que la législation forestière relative aux paccages amène la ruine des communes, on demandera peut-être pourquoi des pétitions couvertes de cent mille signatures et plus n'ont point été adressées aux Chambres. M. Surel va me fournir la réponse. Partant d'un étranger au pays, elle sera plus favorablement accueillie et sans prévention, comme l'expression de la vérité :

« Il y a de certains départements où la plus petite incommodité soulève aussitôt un concert de clameurs. Là, il suffit de quelques lieues de route boueuse pour enfanter un gros sujet de plaintes. La presse locale s'en empare ; elle le gonfle, le lance au dehors, et telle niaiserie, colportée avec pompe, va réveiller par toute la France l'attention publique. L'Administration elle-même, les yeux tendus sans relâche vers ces pays de difficile humeur s'y montre plus libérale, plus empressée.

« Il est d'autres contrées, au contraire, qui vivent retirées à l'écart et loin du bruit, qui n'ont pas de presse ni de prôneurs, et dont personne ne s'occupe, parce qu'elles-mêmes n'occupent personne de leurs affaires : telles sont les Hautes et les Basses-Alpes. En vain la nature y a étalé d'une main prodigue ces magnifiques scènes que les touristes vont chercher, à grands frais, dans les pays lointains. Relégués à l'extrémité du royaume, au milieu de monts sauvages rarement explorés par les voyageurs, ces départements sont peut-être les plus ignorés de la France. Ils ne sont guère connus au dehors que par les employés des diverses administrations, race d'hommes généralement peu accessible aux impressions poétiques, prisant, avant toute chose, le confort et les commodités de la vie réelle, et que les plus belles horreurs de la création ne consoleront jamais des privations sans nombre attachées au séjour d'un pays pauvre; aussi, n'y séjournent-ils que par force, et tous ont hâte de secouer contre lui la poussière de leurs sandales.

« Tout se passe donc ici dans l'ombre et comme en famille; les rares et timides plantes qu'on y élève quelquefois ne vont jamais plus loin que les cols qui le séparent du reste de la France. Il ne faudrait rien moins qu'un malheur terrible, imprévu, général, pour arracher à cette dure population un cri de détresse qui fût entendu au-delà de l'enceinte de ces montagnes. » — Cette patience du montagnard, si vraie, si bien dépeinte par M. Surrel, quant aux ravages des torrents, le montagnard la porte dans ses autres souffrances.

Si l'on se demande ensuite comment peut s'expliquer une résignation aussi stoïque dans une population qui voit chaque jour sa subsistance dévorée par les procès-verbaux, c'est que l'habitant des Alpes, isolé dans ses obscures vallées, s'est courbé, jusqu'au 24 Février, sous la main du fléau, en homme qui n'espère aucun secours et ne croit plus à sa délivrance ; c'est que les esclaves perdent tout dans leurs fers, jusqu'à la force de se plaindre.

Combien il est à regretter que MM. Surrel et Blanqui, qui ont si bien décrit les causes éloignées et les causes prochaines de la formation des torrents, et proposé les moyens d'arrêter leur action dévorante par le reboisement et la restriction des zônes de dépaissance, n'aient point aussi porté leur attention sur les rapports des habitants avec l'administration forestière ! Combien cette question, traitée par ces écrivains avec une supériorité de talent hors ligne, se serait agrandie ! Ils ont voulu sauver le pays, en ménageant les habitants : il s'agit aujourd'hui, en arrêtant la destruction des montagnes, de sauver les habitants de l'action exagérée de l'administration forestière, qui peut encore s'aider de leurs écrits pour justifier les rigueurs, l'extrême sévérité de ses actes. Bien qu'en signalant les dégâts résultant de la dépaissance et du déboisement, ces deux auteurs n'aient pas manqué, en plusieurs endroits, de s'apitoyer sur l'extrême pauvreté « des habitants, de ces populations de martyrs que le voyageur transporté au milieu d'eux ne saurait croire, par moments, appartenir encore à la France, isolés du côté du Piémont, presque aussi confinés du côté de la France ; pauvres cultivateurs qui ont à combattre tout à la fois les rigueurs du climat, celles de la politique et de la douane, et les inconvénients attachés aux pays de montagnes, où la circulation intérieure est plus difficile que partout ailleurs ; causes de misère déjà fort graves , mais qui ne sont rien en comparaison de celles qui proviennent de deux plaies, jusqu'ici incurables, de la région des Alpes françaises : les ravages des torrents et les progrès du déboisement. » (1)

Il en existe une troisième qui, dans la pensée du législateur, devrait remplir l'office d'un cautère, pour empêcher les deux premières de s'agrandir, qui n'a point arrêté l'œuvre de destruction (j'ai dit pourquoi) , et qui est devenue elle-même , pour les communes, un ulcère rongeant : ce sont les condamnations et les amendes pour délits forestiers.

Les deux auteurs que je viens de citer l'ont passé sous silence, soit qu'au point de vue où ils écrivaient ils aient jugé à propos de n'en point parler, l'administration forestière étant l'auxiliaire indispensable des améliorations, sujet de leurs études; soit, ce qui est plus probable , qu'ils aient ignoré comment fonctionnaient ses agents , la frayeur qui précédait leur marche dans les campagnes et la misère qui la fermait, couverte de procès-verbaux.

Si ces deux écrivains ont demandé qu'une législation particulière vînt modifier le régime forestier des Alpes, leur but était de fixer le sol, de favoriser le reboisement , d'aviser aux moyens de prévenir la formation de nouveaux torrents, de contenir les torrents existants, et même de les éteindre , et non d'alléger le sort des habitants, relativement à la pression exercée sur eux par les lois en vigueur; considération éminemment sociale.

Le reboisement des montagnes ne peut être séparé de la conservation des habitants.

La vérité réside dans les données que fournissent les deux équations du problème. De tous les axiomes qu'a posés Bacon, le restaurateur de la philosophie expérimentale, un des plus importants me paraît être celui-ci :

« En chaque question, il faut examiner le *pour* et le *contre.* »

_____

(1) *Du Déboisement des montagnes*, par M. Blanqui, p. 14.

J'ai suivi le berger dans les pâturages, l'habitant travaillant à son affouage et traînant son bois de construction sous l'action permanente de l'administration forestière.

Je n'ai point encore achevé ma course; mais le berger et l'habitant ont terminé la leur, c'est-à-dire leur campagne annuelle. Faut-il s'étonner qu'ils rentrent au port ou dans leur étable avec plaisir, et que s'ils ont eu le bonheur d'éviter des procès-verbaux, ils vouent, en reconnaissance une messe à saint Ours ou à Notre-Dame-du-Laus ?

Faut-il s'étonner que les maires, fatigués du vasselage si dur de l'administration forestière, que les plaintes sont loin d'adoucir (car alors leurs communes sont à l'index), résignent leurs fonctions, et que les Conseils municipaux imitent leur exemple?

CHAPITRE V.

CONCLUSIONS.

DU PAYSAN ET DE SON BULLETIN DE VOTE.

La Révolution du 24 Février l'ayant fait électeur, le paysan crut que le moment de sa délivrance approchait, et qu'il pourrait faire connaître ses besoins et ses souffrances quand viendrait l'élection de ses représentants à l'Assemblée Constituante.

Le génie de la liberté, planant sur toutes les campagnes, appelait, pour la première fois, tous les citoyens à prendre possession d'un droit, à s'asseoir au banquet civique. Les ennemis de la République étaient rentrés sous terre. La longue file des électeurs, se dirigeant, de toutes les communes, vers le chef-lieu du canton, précédés des couleurs nationales, donnait à cette fête une teinte religieuse; et la présence d'anciens soldats de la République et de l'Empire, en évoquant de glorieux souvenirs, un air de patriotisme et de grandeur. Les hommes les plus vieux, qui ne pouvaient faire le trajet à pied, furent conduits à cheval, répétant le cantique du vieillard Siméon, et plus d'un petit-fils put dire, et leur dit en effet: « Quel beau jour pour vous, grand-père ! »

4

Tous les cœurs s'ouvraient à l'espérance. Au lieu de rédiger des cahiers, expression de ses vœux, mesure qui eût excédé la portée de ses facultés, le paysan s'imagina de faire parler son bulletin, en inscrivant sur ce carré de papier les réformes qu'il souhaitait le plus ardemment. Ainsi les Romains, sous le despotisme des empereurs, faisaient parler la statue de *Brutus*, et sous le gouvernement papal, celle de *Pasquino* : toujours l'apologue est né de la servitude.

ARTICLE UNIQUE.

Sa harangue fut courte, mais énergique contre l'administration forestière; elle était loin d'être polie; mais cette administration ne l'avait pas été envers lui. Il n'est pas de collège électoral dans les cantons ruraux qui n'ait été vivement impressionné de ces réclamations.

L'homme des champs prit cet éclair de liberté pour un beau jour, sans penser que les scrutateurs ne devaient, aux termes de la loi, que prendre les noms des candidats, et négliger les recommandations. Elles n'ont pas été complétement perdues dans le canton de Saint-Paul; elles ont été recueillies plus tard par les membres de la commission d'enquête, sur la question du travail agricole et industriel.

Dans les arrondissements où les efforts de pression avaient tendu tous les ressorts de réaction; dans plusieurs communes des départements des Hautes et des Basses-Alpes, les manifestations n'ont pas été aussi paisibles. Ce jour-là, les agents forestiers ont dû comprendre qu'il n'y a de satisfaction réelle que celle qui naît du bien que l'on fait à ses semblables; qu'il vaut mieux, en conciliant la conservation des bois avec les besoins des habitants, s'attirer les bénédictions des campagnes, que les malédictions, en les foulant aux pieds et en se raidissant contre les administrations municipales, interprètes de ces mêmes besoins; ou bien le retentissement des quatre cent mille voix du forum, criant : *humanité! humanité!* se serait-il inutilement répété en longs échos dans les montagnes, et les agents forestiers seraient-ils immobiles et placés comme sur un isoloir au milieu du grand mouvement régénérateur?

Non, les habitants des campagnes sont leurs frères. D'ailleurs la Révolution de Février, qui, comme une étincelle électrique, a produit chez les uns un mouvement de races et de nationalités, et qui pousse les nations plus avancées vers une transformation sociale, trouvant l'habitant des montagnes plus malheureux que le cerf polonais,

que le paysan russe, le voyant sur le Calvaire, le laisserait-
elle crucifier tous les jours?

A l'idée de Février !

Aux Fondateurs de la République !

CHAPITRE VI.

DU POUVOIR MUNICIPAL CONSIDÉRÉ DANS SES RAPPORTS AVEC LES AGENTS FORESTIERS.

Si quelque considération s'attache encore à ce pouvoir,
c'est par le souvenir de ce qu'il fut et non par ce qu'il est,
comparé à celui des agents forestiers. Ceux-ci ont la
haute main sur les paccages, sur les bois communaux
d'affouage et de construction : que reste-t-il au Conseil de la
commune? Avec quelques minces attributions, à veiller
à l'entretien des aqueducs, ponts, et fontaines, qu'il ne peut
pas toujours faire réparer au moyen des arbres compris
dans le procès-verbal de martelage, comme on a vu précédemment.

Son édilité a été tellement restreinte, qu'il est littérale-
ment à la remorque de l'administration forestière. Mais
son autorité ne saurait s'amoindrir sans que celle du sous-
préfet ne s'en ressente : au point que l'autorité préfectorale
est effacée par le pouvoir forestier, dont l'action s'exerce en
raison inverse du carré des distances.

C'est-à-dire que le garde général et le garde forestier
rayonnent sur le maire et sur les habitants avec plus de
force que le garde général sur le sous-préfet, que l'inspecteur sur le préfet. Plus les autorités sont éloignées des
paccages et des bois communaux, qui sont, dans ce cas, le
théâtre de la guerre, moins on ressent l'influence du pouvoir forestier. Mais ainsi vont les choses de ce monde : que
ceux qui en souffrent, qui les sentent vivement, et qui vou-
draient les corriger ne le peuvent pas, et que ceux qui le
pourraient ne les voient pas ou ne les sentent que bien
faiblement.

Un garde général en tournée est reçu comme un pacha ;
un sous-préfet, comme un touriste. Les communes atten-
dent du premier la vie ou la mort ; du second, une protec-
tion seulement éphémère ; car, pour être efficace, il faudrait
une insistance que le fréquent changement des sous-pré-

fets ne permet pas (1) une connaissance des lieux, des usages, des besoins, qui ne peut s'acquérir que par une longue étude, une indépendance de caractère qui constitue le courage administratif.

Il faudrait, dans beaucoup de cas, rompre une lance avec l'administration forestière. La besogne est bien rude pour des magistrats amovibles, qui, en sus d'autres travaux d'administration, peuvent encore avoir à s'occuper sérieusement de leur maintien, de leur avancement, et, transitoirement, d'opérations électorales.

A chaque réclamation, on fait un traitement palliatif; on se contente d'appliquer des topiques sur un mal qui tient à la constitution.

La question n'est pas dans les personnes; elle est dans l'immense pouvoir qui leur a été confié sans contre-poids.

Un conseil municipal connaît mieux qu'un forestier les besoins et les ressources dont il peut disposer. Jusqu'à présent, peu familiarisé avec les doctrines de *Malthus*, sur les conséquences de l'accroissement de la population, il ne pense pas qu'on doive sacrifier les habitants à des arbres. Depuis la promulgation du code forestier, on a fait le contraire : pour conserver des arbres, on a ruiné les habitants, et réalisé pour eux le supplice de *Tantale*.

Un conseil municipal présidé par le maire n'aura-t-il pas un intérêt plus direct à la conservation des bois qu'un forestier nomade, dont la carrière commence dans le Jura et finit aux Pyrénées?

J'accorderai volontiers à la supériorité de ses connaissances la déférence qu'on leur doit; mais il y a un enseignement traditionnel, empirique ou expérimental qu'on ne trouve que dans la commune; et cela est si vrai, que j'ai entendu dire à un forestier très recommandable : « Je ne connais pas bien ce qui est applicable à ce pays, attendu que celui que j'ai quitté avait des forêts peuplées d'autres essences. » Mais à côté de ces autres essences, il y a des besoins de paccage et d'autres encore qui se rattachent à l'agriculture, et je ne sache pas que, pour la connaissance de ces besoins, on ait créé une chaire spéciale à l'école de Nancy. Il faut donc faire la part de l'influence des climats, et n'aller pas à l'encontre des réclamations nécessiteuses. Mais pour faire vider cette opposition, la commune pourrait bien avoir recours au Conseil de préfecture.

(1) L'arrondissement de Barcelonnette compte dix-sept sous-préfets depuis la Restauration, non compris les intérimaires.

La commune ne saurait être voyageuse , et l'examen des lieux contentieux devenant nécessaire , un Conseil de préfecture est un centre trop éloigné des divers points de la circonférence , pour que sa juridiction s'exerce sans condamner ses membres à des déplacements onéreux, et les communes à des lenteurs préjudiciables. Il importait qu'on créât plus près des communes un foyer d'activité qui répandît sur elles la chaleur et la vie : c'est ce que demandaient, en 1833, MM. Bérard, Lherbette, de Rambuteau, Odillon-Barrot. « Des relations journalières ont créé , disaient-ils, l'être collectif qu'on appelle la commune; des rapports de voisinage ont créé l'être collectif qu'on appelle canton. Le canton, qui n'est que la réunion de plusieurs communes contiguës ou très rapprochées , placées dans des situations analogues , ayant des besoins identiques; le canton a , comme la commune, une existence qui lui est propre , des intérêts auxquels il faut une représentation. »

La question est dans les dispositions trop rigoureuses de la loi relative aux amendes , hors de proportion avec la nature des délits et la pauvreté des habitants.

Ce n'est pas une simple modification qu'il faut , c'est la révision fondamentale du code forestier ; c'est une bonne loi d'émancipation ,des communes en ce qui ne touchera qu'aux intérêts de localité.

Le Conseil général du département des Basses-Alpes , dans sa dernière session, prenant en considération les entraves qu'éprouvent les habitants quant à l'exercice du droit de paccage et à la délivrance du bois de construction, s'est efforcé d'y remédier, en proposant la création d'un sous-inspecteur forestier, au chef-lieu du département, pour accélérer l'expédition des demandes.

Nous devons savoir bon gré au Conseil de ses sympathies et de ses efforts ; mais n'y aurait-il rien de mieux à faire que de multiplier les agents et d'accroître les charges ? Ne serait-il pas plus convenable d'augmenter les attributions du Conseil municipal, et de réduire celles des agents forestiers, de manière qu'il ne fallût pas une ordonnance du pouvoir central , pour autoriser la coupe du bois nécessaire pour réparer le seuil d'une porte , renouveler les solivaux d'un plancher, la poutre d'un toit, etc. ?

Il y aurait plus de liberté d'action pour la commune, satisfaction pour l'habitant, dont les besoins seraient servis aussitôt que constatés, économie pour l'État et les contribuables, sur qui ne pèserait pas un nouveau service.

Un savant publiciste a dit :

« La centralisation n'est utile et féconde, nécessaire même, qu'en matière d'intérêts généraux, c'est-à-dire, en matière de religion, d'enseignement, de direction morale, par les fêtes ou les spectacles, d'industrie, de travaux publics; elle est, au contraire, étouffante et funeste, appliquée aux intérêts d'une nature spéciale, aux intérêts locaux. La centralisation politique, c'est la force; la centralisation administrative, c'est, tôt ou tard, le despotisme.

« Malheur au pays où la liberté politique ne se lie pas intimement à la liberté municipale ; car ce n'est pas l'exercice régulier et contenu de sa puissance, sur tous les points du sol que le peuple s'entretient dans le sentiment de sa dignité; en perdant l'usage de ses facultés, il arrive à perdre la conscience de sa force, et, de l'indifférence, il tombe dans l'hébêtement.

« Là où une autorité centrale se fait dépositaire des intérêts locaux, la vie publique, violemment refoulée au même lieu, y devient confuse et tumultueuse, tandis que partout ailleurs, elle est inerte; le cœur de la société bat trop vite, et les membres desquels s'est retiré tout le sang restent sans vigueur et glacés.

« Quand, sous Dioclétien, le pouvoir central des empereurs se fut infiltré dans l'administration; quand des fonctionnaires accourus de Rome eurent fait intervenir la volonté impériale dans toutes les mesures locales : dans la construction d'une fontaine, l'affranchissement d'un esclave, la nomination d'un magistrat local, l'empire se précipita vers sa ruine..... mouvement fatal de dissolution, qui livra aux Barbares venus du nord, la société romaine énervée, désarmée, déjà morte. Voilà ce qu'auraient dû se rappeler, et M. Mauguin, qui opposait au système des Conseils cantonaux le grand principe de l'unité dans le pouvoir, et le Gouvernement dont il appuyait, en cette occasion, les doctrines; et, certes, ils n'auraient pas demandé que, sous la main d'un pouvoir central chargé d'une besogne impossible, la société demeurât complétement passive ; ils n'auraient pas demandé qu'autour de Paris, en proie à tous les désordres d'une vie surabondante, la France s'abîmât dans l'impuissance et la langueur, s'ils avaient visité la plupart de nos communes et tant de pâles cités, où, à des aspirations brûlantes, à des élans de patriotisme et d'orgueil, à une vie mêlée de grandes joies et de nobles douleurs, l'excès de la centralisation administrative a fini par substituer cette symétrie, ce calme, cette stabilité morne, qui ne sont autre chose que la régularité dans l'oppression, le silence dans l'abaissement, l'immobilité dans la servitude.» (1)

Afin que le pouvoir municipal se relève de l'infériorité dans lequel il végète, la commune doit avoir une vie propre ; elle ne respire, jusqu'à présent, que sous le bon plaisir de l'administration forestière.

La Constitution ayant décrété :

(Art. 6.) que « l'esclavage ne peut exister sur aucune terre française ; »

l'administration municipale ne doit plus être l'esclave de l'administration forestière. Il ne faut pas que la première, semblable à un fœtus, soit liée par le cordon ombilical à la seconde ; mais que celle-ci, comme une bonne mère, laisse arriver jusqu'à la commune le lait des troupeaux qui doit la nourrir, le bois qui doit réchauffer ses membres.

C'est du concours de ces deux pouvoirs que doit sortir le bien-être des travailleurs, le contentement et la joie qu'on ne connaît plus au village.

Si ce mémoire pouvait apporter quelques consolations à ces pauvres et bons habitants des montagnes, en appelant sur leurs souffrances forestières l'attention de l'État, je n'aurais plus rien à demander à la République : ce résultat comblerait mes vœux.

RÉSUMÉ.

La ruine du sol, écrite en gros caractères sur le versant méridional de toutes les vallées, réclame instamment une loi qui règle la dépaissance ;

La ruine des habitants, une modification dans les lois forestières ;

L'administration des paccages et bois communaux, une loi d'organisation municipale qui augmente les attributions du conseil de la commune, et lui fasse la part d'influence qu'il doit naturellement avoir quand il s'agit de faire reconnaître ses besoins et d'établir ses ressources, et qui as-

(1) *Histoire des dix ans de règne*, par Louis Blanc, tome IV, page 88 et 89.

signe au pouvoir qui administre et à celui qui conserve
leurs véritables limites, afin d'harmoniser leurs efforts, et
de les faire converger vers le même but.

En raison de l'âpreté du climat (1,600 à 1,900 mètres
au-dessus du niveau de la mer) et de la récolte peu fruc-
tueuse en seigle, la seule dans le canton, les intérêts agricoles consistent principalement dans la récolte en foin,
dans la reproduction et la vente des bêtes à laine, dans les
paccages communaux alimentant les troupeaux pendant
six mois d'été, et puis dans la conservation des bois et forêts, sans lesquels le pays, couvert de neige, six mois de
l'année, deviendrait inhabitable.

Malheureusement, l'administration forestière, en jetant
un réseau sur une partie des paccages et bois, brise l'u-
nité de l'administration municipale, la paralyse dans ses
projets et dans sa marche : la propriété de deux maîtres
dépérit.

Avant que le régime forestier pesât sur le pays, la mu-
nicipalité, investie de l'administration des bois communaux, conservait les bois et paccages; pourvoyait à tout
par son influence morale, conservatrice et directement in-
téressée à la prospérité de la contrée. Depuis l'établissement
de ce régime, la fiscalité, c'est-à-dire l'ambition de l'avancement plus que l'esprit de conservation, préside aux actes
des agents forestiers, qui, par leurs vexations, écrasent
les communes et ruinent l'habitant. Forts d'une loi de fer,
malheureusement une pour tous les climats, pour toutes
les topographies, et fiers de leur indépendance, ils font
courber devant eux les autorités municipales et départe-
mentales.

Les intérêts agricoles exigent que le code forestier soit

révisé, et que l'unité soit rétablie dans l'administration des biens communaux.

Signatures des membres de la commission délégués par les diverses communes du canton,

PINONCELLY, maire et notaire ;
SIMON (Jean) ;
SPITALIER (Jean-Joseph) ;
SIGNORET (Jean-Joseph), ancien membre du Conseil d'arrondissement ;
REYNAUD (Pierre) ;
ARNOUX (Joseph) ;
CHAURAND ;
BERLIE, instituteur ;
FALQUES (Pierre) ;
COGORDAN, juge de paix, *Président* ;
RICHAUD (Alphonse), *Secrétaire.*

EXTRAIT DU PROCÈS-VERBAL DES DÉLIBÉRATIONS DU CONSEIL-GÉNÉRAL DU DÉPARTEMENT DES BASSES-ALPES.

SESSION DE 1848.

(Deuxième partie.)

Translation du service forestier au ministère de l'agriculture.

Le Conseil reconnaît que le service forestier réclame, dans l'intérêt de nos bois comme dans celui des communes, des modifications essentielles. L'une des plus notables consisterait à détacher cette administration du ministère des finances. La direction générale des forêts ne semble pas attachée au ministère qui lui convient, puisque la question financière n'est, dans ses attributions, que d'un intérêt secondaire. En conséquence, le Conseil estime que cette administration ressortirait avec plus d'avantage du ministère de l'agriculture et du commerce, où l'on comprendrait mieux la culture exceptionnelle qui doit donner moins de produits en argent, mais plus de produits en nature. Cette mesure pourrait être combinée de manière à faciliter l'embrigadement des gardes-champêtres, à mieux assurer la propriété boisée des particuliers contre les délits, en quelque sorte sans répressions, dont elle souffre, et à rendre plus facile, plus économique et moins assujétissante pour les habitants de nos communes, en général très pauvres, la gestion des bois soumis au régime forestier.

Division de l'inspection des forêts.

En second lieu, considérant que les vues des agents forestiers doivent tendre à concilier, autant que possible, les intérêts de l'agriculture avec ceux de la conservation des bois, et que ce but ne peut être atteint qu'autant que les agents forestiers sont mis en rapport avec les exigences de leur service ;

Considérant, d'un autre côté, que les demandes, soit de délivrance d'arbres, soit de toute autre nature, sont toujours urgentes, en raison de la pauvreté des habitants, des éboulements dans les montagnes et des envahissements des torrents, et que les lenteurs apportées à leur solution sont attribuées à ce que l'inspecteur, seul chef de service, ne peut, quelle que soit sa bonne volonté, instruire toutes les affaires avec la célérité et la connaissance des lieux et des besoins nécessaires ;

Le Conseil, conformément à la proposition de M. le Préfet, émet le vœu, que le département soit divisé en deux inspections, ou que, tout au moins, la direction de ce service soit partagée entre l'inspecteur et le sous-inspecteur.

Terrains non boisés soumis au régime forestier.

Si, dans un intérêt louable de conservation, il a paru tout d'abord utile à l'Administration de soumettre au régime forestier des quantités considérables de terrains, il est néanmoins reconnu maintenant que ces soumissions se sont étendues à des sols non inclinés ou qui n'offrent aucune espérance d'amélioration, et que, par suite, le pâturage, qui est l'un des principaux éléments de la fortune de notre département, est restreint d'une manière trop rigoureuse, surtout dans l'arrondissement de Barcelonnette ;

Le Conseil manifeste le désir que ces soumissions soient révisées par les agents forestiers, de concert avec les autorités locales, pour en distraire celles qui n'offrent pas un intérêt réel, et que le pâturage soit étendu dans les autres, au fur et à mesure de leur possibilité.

Modifications pénales du code forestier.

A cause de la pauvreté des habitants et du peu de valeur de nos bois résultant des difficultés de leur extraction, les dispositions pénales du code forestier sont, en général, trop rigoureuses. Aussi, les tribunaux reculent toujours devant l'application d'une pénalité hors de proportion avec le dommage occasioné. Le Conseil exprime le vœu que les dispositions de l'article 463 du code pénal, soient rendues applicables, en matière forestière, toutes les fois que l'amende dépassera 20 francs.

Il serait à désirer aussi que l'administration locale des forêts, les propriétaires intéressés dans la question, entendus, et sous l'approbation du préfet, fût autorisée à transiger avec le délinquant qui n'aurait été frappé d'aucune condamnation en cette matière depuis cinq ans.

Reboisement et endiguement.

La sollicitude du Conseil se porte, chaque année, sur les questions du reboisement des montagnes et de l'endiguement des torrents, le retard dans l'exécution de ces deux mesures occasionne, chaque jour, de nouvelles pertes, et en rend la réalisation plus difficile et plus onéreuse. Le Conseil, se confiant dans les sentiments qui animent notre nouveau gouvernement, demande : 1° que l'étude de la question d'endiguement soit hâtée, et qu'un projet de loi, dans le sens de la proposition faite, en 1838, par M. Jaubert, député, pour faciliter l'endiguement des rivières, soit présenté prochainement à l'Assemblée nationale ; 2° qu'il en soit de même pour le projet de loi sur le reboisement; 3° que l'Etat ainsi que les communes dont le territoire serait traversé par des cours d'eau, interviennent, dans une juste proportion, dans les frais de reboisement.

Secours pour reboisement.

En attendant, et en présence des ressources insuffisantes du département, le Conseil supplie le Gouvernement de venir à notre secours, et de nous accorder une forte subvention pour continuer les essais fructueux de reboisement déjà tentés sur plusieurs points, et pour entretenir la pépinière établie à Barcelonnette, qui commence à fournir, dans une mesure convenable, les diverses essences dont elle se compose, et qui sont destinées à être propagées dans les bois communaux.

TABLE DES MATIÈRES

ERRATA.

Page 28, 10me ligne, au lieu de M. Cremont-Garnier, lisez M. Frémont-Garnier.
Page 42, à la ligne TOTAL, au lieu de F. 1,663 45, lisez F. 1,665 45.

215

www.ingramcontent.com/pod-product-compliance
Lightning Source LLC
Chambersburg PA
CBHW070934280326
41934CB00009B/1876